本当は怖ろしい漢字

火田博文

彩図社

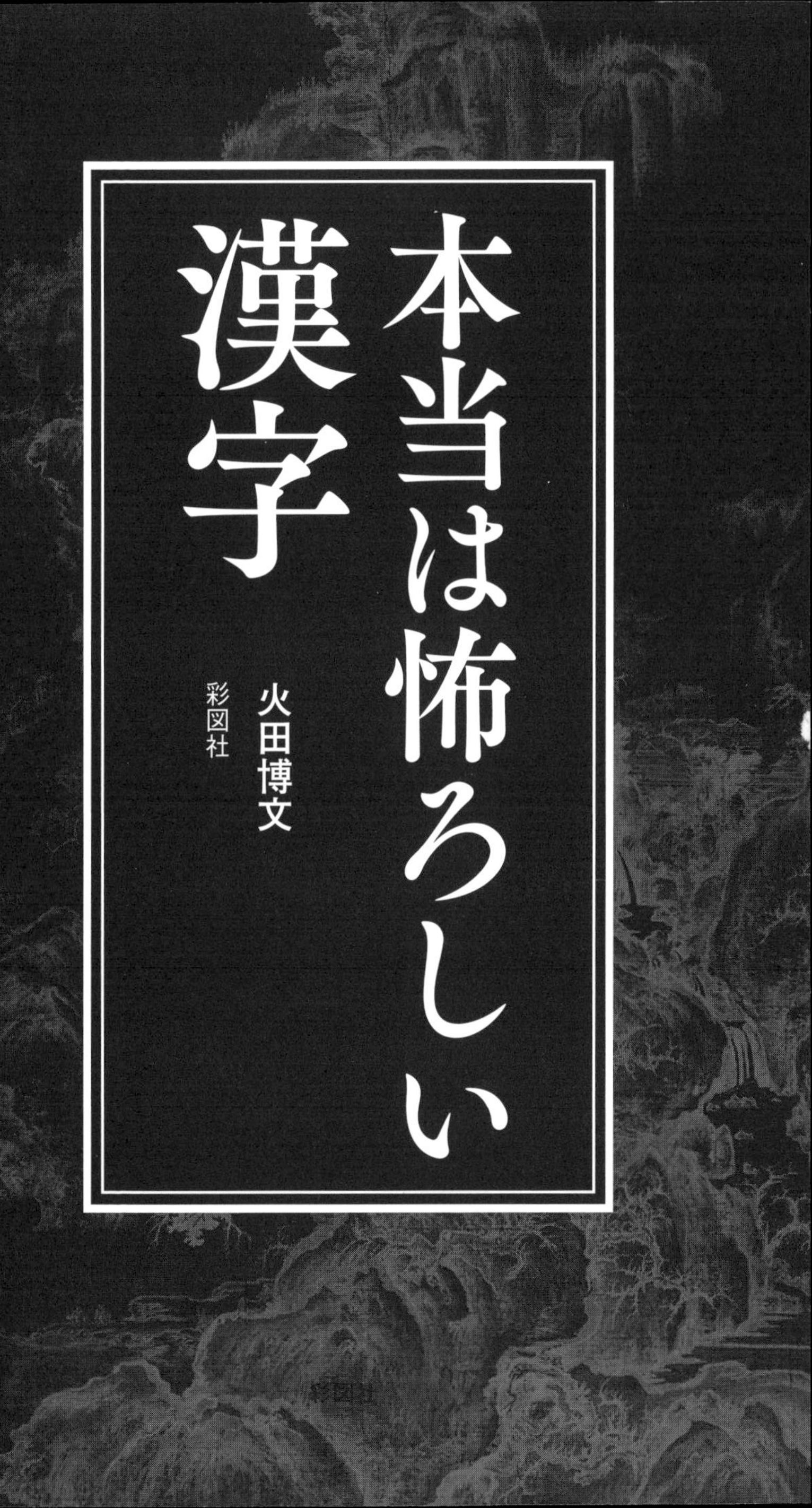

はじめに

漢字の「漢」とは、どうしてこのような形をしているのか。「幸」とはいったい、どんな幸せを表しているのか。「道」に「首」が入っているのはなぜか……。

私たちはふだん、そんなことを考えもせず、ツールとして漢字を使っている。生活のあらゆる場面で、中国から伝わってきたこの文字に接し、暮らしている。

しかしその歴史は、ずいぶんと血生臭い。

漢字の原型となる文字が生まれたのは、遠く3300年前、古代中国・殷《いん》王朝の時代だ。人類はまだ、暗闇の中を歩いていた。社会は不安定で、科学も医療も発達しておらず、戦乱は絶えず、誰もが生きることに必死だった。だから人は、この世ならざるものに頼った。神や呪術にすがったのだ。それが文字にも投影されている。

異国との境界には死体を野ざらしにして、魔よけとした。木に吊るされたその死体の姿から「方」という字ができた。戦争で捕らえた捕虜の首を次々にはね、神への生贄《いけにえ》としたことを表しているのは「伐」だ。「望」とは、遠く離れた場所から敵軍に呪いをかけることだった。

そして殷王朝は、残酷な刑罰によって、人々を厳しく統制したことでも知られる。首枷《くびかせ》をはめられた罪人を描写した文字が「央」だ。少しずつ肉を切り刻む残虐な刑を受けて、骨だけになった死体を「残」といった。「号」は生き埋めにされた罪人の叫び声だ。

こうした古代文字が1～3世紀の後漢《ごかん》時代に体系化されたことで「漢字」となった。やがて凄惨な意味は薄れ、日本にも伝わり、私たちの日常にも溶け込むようになっていく。

しかしその源流には、惨たらしく殺された人々の苦痛と恨みと、呻き声とが渦巻いている。それを私たちは、あまりにも知らない。死と呪いの中から、漢字は生まれたのだ。漢字に満ち満ちた私たちの生活はつまり、古代の血にまみれている。ひとつひとつの漢字には、3300年前の怨念が込められているのである。

第1章　刑罰から生まれた漢字

第2章　権力による支配から生まれた漢字

第3章　呪術・儀式から生まれた漢字

第4章　人間の生と死から生まれた漢字

第1章

刑罰から生まれた漢字

残

音 ザン
訓 のこ—る　のこ—す

最後に残されたものとは、いったいなにか？

私たちが日ごろからよく使っている漢字、「残」。しかし、これほどに惨《むご》たらしい漢字もないかもしれない。古代中国で行われていた過酷な刑罰を表しているのだ。

それは身体の部位を少しずつ切り取って、長い時間できるだけ苦しみを与えながら殺していくというものだ。凌遅刑《りょうちけい》と呼ばれた。刃物を振り、罪人の手や足や鼻や耳を数センチずつ切断し、人体を損壊していく。中国の歴史でもとりわけ苛烈な死刑方法で、王朝に対し反旗を翻した者に対して下されたという。こうした刑を導入して恐怖政治を敷き、国の統制を図っていたのだ。

この刑に使われたのが「戈《か》（→P50）」という古代の武器だ。長い柄のついた刃物だった。それが二重になった「戔《せん》」という文字が省略されて、「残」の右側「戋」となっていく。つまり戈で、何度も繰り返し切り刻み、ぼろぼろにすることを表している。

あまりにも残虐な刑の果て、罪人は身体をズタズタにされ、骨だけになってしまう。その姿が「残」の左側「歹」だ。これは、がち、がつなどと読むが、屍《かばね》へんとも呼ばれている。死体のことだ。人が倒れた姿である「匕《か》」と合わさると「死」となるなど、「歹」がつく漢字は死にまつわるものが多い。

このふたつの文字によって「残」は構成されている。罪人は「戈」を何重にも振るわれ、もがき苦しみ、叫び、ゆっくりと時間をかけて死んでいった。そして最後には、肉をそぎ落とされ、骨だけになり果てた死体……「歹」となるのだ。そう、「残」されたものは破壊されつくした人体だったのである。

だから「残」は、「残る」のほかにも意味を持つ。残酷、残忍、残虐……いずれも他者を惨たらしく責め立て、傷つけたり虐げるという言葉だ。これらに「残」が使われているのは、かつての恐ろしい刑罰の名残なのである。

了

音 リョウ
訓 ——

「子」にあって「了」にない、横棒とは

赤ん坊の誕生ほど、一族にとって嬉しい出来事はない。それはいつの時代も変わらない。殷《いん》の人々も同様だ。彼らは新しい命を授かったことを喜び、その愛くるしい姿を活写して「子」という字をつくった。上部は大きな頭だ。左右に伸びる横の棒は、両手を表している。精一杯に手を伸ばし、母親を求める様子が思い浮かぶようだ。下の部分は足なのだが一本になっているのは、まだ歩けないため布や寝具で包まれているのだろう。そんな「子」を代わる代わる抱いて、あやし、笑いかける。幸せな家族の一場面。

しかし、そんな「子」から、横棒が失われてしまうのだ。つまり、両腕がなくなってしまうのである。「了」だ。

苛烈な刑罰によって統制を保っていた殷王朝。犯罪に対しては刺《いれ》青《ずみ》、人体の切断、残虐な方法による死刑など、厳しい刑罰が科された。

そして子供でも例外ではなかったのだ。一定の年になれば、罪に対して責を負う。

その子供はいったい、どんな罪を犯してしまったのだろう。物を盗んだのか、人を傷つけたのか……罰として、両腕を叩き切られてしまうのだ。まだ幼いというのに、未来をつかむはずだった両手を失い、人生は終わったも同然だ。その絶望が「了」には漂う。私たちはいま「終わり」という意味でこの漢字を使っているが、きわめて残酷な字なのである。

別

音 ベツ
訓 わか—れる

右側で鈍い光を放つ「刂」とは、いったいなにか

別離、別居、死別、決別……人と人との関係の終わりを表す漢字「別」。人生の節目を感じさせる言葉でもある。また、ものごとの区別や違いという使い方もされる。

しかし、この漢字ができた古代では、だいぶ意味が違った。左側の「另」は、実は新しい形だ。その昔は「冎《か》」と書いた。これは「骨」の字の上の部分と同じもの。人間の上半身を象《かたど》っているのだ。胸から上の、それも骨格を表現した漢字なのだという。

どうして骨だけなのだろうか。それは、「別」の右側に立つ部首「刂《りっとう》」によって、肉が削がれてしまったからだ。「刂」は刀の象形だ。鋭い刃によって人体が切り刻まれ、バラバラにされていく。それは残虐な刑罰なのか、あるいは何らかの儀式なのか、それとも葬儀の一種なのか。いずれにせよひとりの人間が解体され、さまざまな部位に分けられてしまった。その様子から「別」の漢字が生まれたのだ。別々になってしまったのは人間関係ではなく、身体だったのである。「刂」によって切り分けられてしまったものはほかにもある。「歹」だ。がち、がつ、などと読む。やはり人の骨を表しているが、こちらは上半身ではなく頭蓋骨のことなのだ。

胴体から切断された頭蓋骨は、死んだ権力者が埋葬されるときに、ともに墓に納められたという。死後の世界で権力者を守る存在であると考えられたのだ。この頭蓋骨は墓の中できっちり整理されて、等間隔で順に並んでいたそうだ。ここから「列」ができた。いまはさまざまな場面で使われている「列」だが、その昔は死者の葬列だったのである。

こんなことを知ってしまうと、なにかの行列に並んでいるときや、ケーキを切り分けたりするときも、よからぬことを連想してしまうかもしれない。

殊

【】

音 シュ
訓 こと

血まみれの両断死体

「特殊」の殊である。「殊《こと》に」という使い方もされる。際立っていること、優秀なこと、別格であることを示す、ポジティブな文字のように見える。

しかしよく見てみれば、屍《かばね》へん「歹」を持っている。死者の頭蓋骨や白骨死体の象徴である。この部首が入る漢字は、「死」をはじめとして「残（→P16）」「列（→P21）」「殉」など、死に関わるものばかりだ。

そして右側の「朱」とは、実は切り株のこと。木の断面を見ると、外周部は茶色が薄く、中央ほど色が濃く赤みを帯びている。その中心部の色合いを「朱」と呼んだのだ。「木」に一本の横棒を付け加えると「朱」になるが、これは木を切り倒して切り株にすることだ。棒線には、横に断ち切るという意味が込められている。

その切り株のように、身体をまっぷたつに断ち切られる。古代中国にはそんな死刑の方法があった。上半身と下半身とが切断され、血まみれの内臓が散らばり、絶命する。「歹」となる。その凄惨な光景が「殊」なのだ。

だから漢字辞典で「殊」を引いてみると「殺す」「死刑にする」という意味もはっきり記載されている。「殊」を日常的に使っていながら、残酷な文字であることを私たちはあまり知らないのだ。「殊」、つまり切り株刑は、血生臭く惨たらしいことから、逆に特別視されていく。普通ではない、一線を画しているといった意味合いでも使われるようになるのだ。やがて「特殊」「殊に」、さらには「殊勲」「殊勝」など良い言葉へ転じていくのだが、そのルーツは両断された死体なのである。特殊で際立っているのは、死に方であり、殺され方なのだ。

ちなみに「殊死《しゅし》」という言葉もある。死を覚悟して、命がけで物事に当たるという意味だ。

憲

【】

音 ケン
訓 ―

崇高なる憲法の源にあるのは、やはり残酷刑

私たちがいま生きているこの国の、根本となっているのは憲法である。国の最高法規であり、国政の在り方を決めるものだ。

法律は国民の守るべきルールだが、対して憲法は国家が守るルールを定めている。国民の自由や権利を守るために、国に課せられた決まりが、憲法なのだ。

その「憲」は、たたずまいも威厳があり、重々しい字に見える。一文字だと「掟」「規範」「教え」といった意味を持つ。襟を正さなくてはならない気持ちになってくるが、その原型となっているのは「宔《しゅ》」という字である。針のことだ。だが縫製に使うものではない。取っ手がついた大きなその針は、刺青を入れるための器具だった。古代中国では墨《ぼく》や黥《げい》と呼ばれた刑罰の一種で、一生消えない罪の証を犯罪者の身体に刻むのだ。

犯罪の種類によっては、刺青は目の上に施された。それが「害《けん》」だ。その人の目を見れば、犯罪者かどうかがわかってしまうのだ。さぞ生きにくくなったことだろう。しかし、それでも世を恨むことなく、罪を償い、犯罪に走らないよう、もう法律を破らないよう「心」に誓いなさい……そんな考えから「憲」の文字が生まれた。刺青刑がもとになっているのだ。

「宝」はほかにもさまざまに派生していった。神に対する祈りの言葉である祝詞《のりと》を収める器「口《さい》」を「宝」で壊すところから「害」ができた。この「害」に、さらに刀を表す「刂《りっとう》」を加えて破壊のありさまを強調させ、「割」となった。分断する、殺す、引き裂くといった意味だ。「憲」も同じグループに属する、暴力的な漢字なのである。

近代法治国家の基礎ともいえる憲法だが、刺青から生まれた概念だったのだ。厳しい規則で人々を縛るという意思が「害」からは見える。憲法とは国家が守るべきルール、というのが現代の考え方だが、裏には古代同様の権力者の思惑が隠されているのかもしれない。

屈

音 クツ
訓 かが―む

極限の痛みに苦しみ、思わず身体を折り曲げる

「尸《し》」は、お尻や局部を表す部首なのだという。

これに「出」が加わると、「屈」になるわけだが、それではいったい、なにを出しているのだろうか。

一説によると、それは男性の性器なのだという。古代中国でもきわめて重罪だと断ぜられたものに与えられる「宮刑《きゅうけい》」だ。死刑の次に厳しい刑罰だった。

生殖器を切断し、男性としての機能を完全に奪う。子孫を残せなくなるのだ。子供をつくることがなによりの親孝行であり、子孫繁栄の考えを大事にする中国にあって、宮刑は最悪の恥であり、そして屈辱だった。その辱めを受けてなお、命を失うこともなく生かされ、宮中で奴隷のように、死ぬまで働かされるのである。だから「宮刑」と言ったのだ。なお、これが宦官《かんがん》のはじまりだと考えられている。

後世には官吏となって宮中で働くため、自ら性器を切除して去勢する者も続出したという。

宮刑は腐刑《ふけい》とも呼ばれたが、これは傷口が化膿し腐ってしまうことがあるから。古代の医療で切断するのだ。腐るだけでなく死ぬ者も続出した。麻酔もない時代だ。生き延びた者も、地獄のような痛みに苦しんだ。叫び、のけぞり、倒れ、身体を「屈」めた。その悶絶する姿から「屈」には、身体を折り曲げる、姿勢を低くするという意味が与えられていったのだ。

微

【】

音 ビ
訓 かす―か

徴

【】

音 チョウ
訓 しるし

儀式か拷問か。人を殴る姿から生まれたふたつの字

漢字を生んだ古代中国・殷は、まれに見る呪術国家であったらしい。ときに陰惨な呪術儀式の様子から、いくつもの漢字がつくられてきたが「微」もそのひとつだ。

中央に位置する「𡵂」は、巫女のことだ。長髪の麗しき女性であったらしい。その髪を垂らして、座りこんでいるところを横から見たところが「𡵂」だという。

巫女の背後には「攵《ぼく》」がある。これは「攴《ぼく》」とも書き、手に木の棒やムチを持っている人間の姿だ。武器を携えて、座っている巫女の後ろに立っているのだ。いったい、なにをしているのか。

「攴」は手にした武器で、巫女を激しく殴りつけるのである。拷問ではない。これは破邪の儀式なのだ。自らに敵から呪いがかけられていると感じたら、こうして巫女を打ち据える。巫女を殴ることに

よって、その痛みや苦しみは、はるか彼方へと伝わっていく。敵側の巫女を攻撃することができるのだ。すると呪いの力は減り、微弱になっていく。呪いを解くことができる。敵味方ともに、巫女を媒介者として呪術の戦いを繰り広げたのである。この儀式は「彳」すなわち往来で行われたことから「微」の字となった。呪いが弱まることから、少ない、小さい、衰えるといった意味も、いまに伝わる。

似た漢字に「徴」がある。やはり往来、公道で人を殴っているのだが、その相手は「⿱山𡈼」だ。下の部分が王になっているが、もとは「𡈼《テイ》」だったという。長髪の領主だったと考えられている。こちらはむしろ拷問であった。激しく暴行することで、屈服の証を示せと迫っているのだ。苦痛に耐えかねた「⿱山𡈼」は、領地の財産を差し出し、領民を奴隷として捧げることを口にしてしまう。敗北の「徴《しるし》」だった。ここから「徴」は、罰を与える、取り立てるといった意味も持つようになっていく。

ふたつの漢字が成り立つまでに、いったいどれほどの人が暴力に晒されたのだろうか。

考

【】

音 コウ
訓 かんが—える

思考の果てに待つものはいったいなにか

人は考え続けることで進化してきた。効率的に食料を得たいと考え抜いた果てに農作を生み、定住をはじめた。文明らしきものが現れると、その秩序をどうすれば守れるか考えて、厳しい刑罰をつくった。情報伝達の手段として漢字も考えられた。

しかし、人の一生はあまりにも短い。考え続けるうちに、年を取り、身体は衰え、やがて白い髭が伸びるようになる。「耂《ろう》」だ。これに曲がった状態を指す「丂《こう》」が重なって「考」ができる。腰の曲がった髭の長い老人のたたずまいを写した文字なのだ。考えるとは老いることであると、古代の人々は知っていたのである。

その「老」にもやはり「耂」がつく。これは「おいがしら」とも呼ばれ、老人を表す部首だ。そして「老」の下部「匕《か》」は、人が倒れている、あるいは逆さになったもので、死の暗喩だ。年が寄り、死が近くなってきたことを「老」は表現している。

また「耂」を支えて手助けする子や孫のことを「孝」という。年長者や先祖を敬うことこそ「孝」なのだ。

一方で「考」を殴り、痛めつける形が「拷」だ。手へんは暴力を示すこともある。激しい責め苦を加えられて、身体が「丂」になり曲がってしまうのだ。凄惨な拷問の象形でもあるが、この場合の「考」は老人ではない。拷問で手足が折れたりつぶれたりした人全般のことだといわれる。なにかが曲がった状態を示す「丂」の意味だけを借りたのだ。

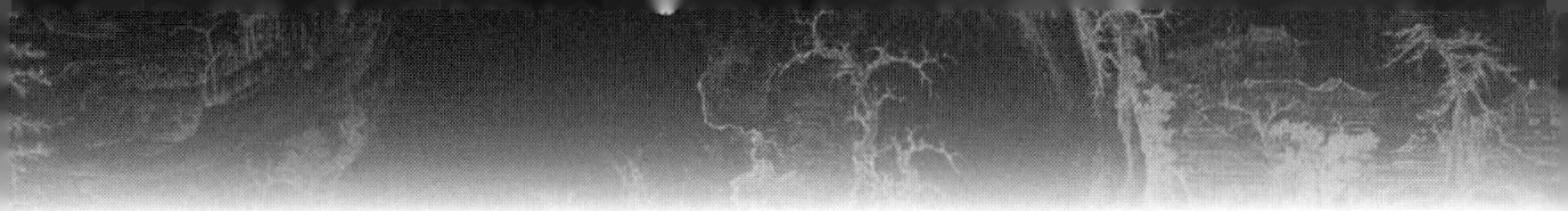

号

【】

音 ゴウ

訓 ――

なぜその人は号泣し、怒号を上げているのか

白起《はくき》という人物がいた。紀元前3世紀に活躍した中国・秦《しん》の将軍である。勇猛にして機知あふれる男だったと評されているが、残虐性でも群を抜いている。前漢時代の歴史書『史記《しき》』によれば、白起は戦争に勝利するたびに敵の兵士たちを大量に惨殺していた。紀元前２９３年には伊闕《いけつ》の戦いで24万人斬首、紀元前２７３年は華陽の戦いに勝って13万人斬首。さらに同年、今度は敵兵２万人を黄河に沈めて殺害している。

そして紀元前２６０年のことだ。白起に率いられた秦軍は、趙《ちょう》軍を圧倒して打ち破った。長平《ちょうへい》の戦いだ。このとき白起は、敵兵40万人を生き埋めにしたと伝えられている。

まさしく地獄のような光景だっただろう。40万人が泣き、叫び、激しい声を上げたに違いない。その激しさと絶望とを表す文字が

「号」である。

下部の「丂《こう》」とは折れ曲がった状態を形象している。もちろん地面に埋められ曲がってしまった手足のことだ。そして上部の「口」は、泣きわめき、助けを求めて叫ぶ様子なのだ。恐怖や苦しみや怒り、そのすべてが「口」の一文字に込められている。彼らの口は、どれほどの大声で号泣し、怒号を上げたのだろう。

生き埋めとは中国では古代から伝わる刑罰のひとつで、長平の戦いの前からもさかんに行われていたようだ。だからこそ文字にもなったのだろう。

死を前にした絶叫である「号」だが、ずいぶんと広く派生していった。呼び名やニックネームの後ろにつけて「〇〇号」などと名づけられることもある。「1号、2号」などと順番や等級を表したりもする。これらは、生き埋めにされた人が嘆き悲しみ助けを求めるところから、人に気づかせる、識別させると段階的に変化し、数字や物事や階級などの序列も表すようになったのだ。

央

【】

音 オウ
訓 ——

手足をのびやかに広げる「大」につけられたものとは

いつも人々の輪の中心にいられるように。社会の中央で立派に生きられるように。そんな願いを込めて子供の名前につけられることの多い「央」。男女ともに人気の字だという。

しかし本来、「央」は子供の明るい未来を思い描けるような文字ではないのだ。これは捕虜を表している。

戦争に敗れ、捕らえられた捕虜は、首に枷《かせ》をつけられ自由を封じられてしまう。枷とは古くからある刑具のひとつで、大きな木製の板の真ん中に空いた穴の中に頭を突っ込んで固定させられるもの。その重さで動けなくなってしまうのだ。

また板が大きいので、手の動きが妨げられ、顔や頭に触れることができない。つまり食べものを自分の手で口に運べない。誰かに介助してもらわないと食事ができないのだ。それに首枷には罪状などが書かれることもあり、見せしめの効果もあった。

シンプルだが厳しいこの刑罰は、中国では20世紀初頭の清《しん》朝の時代でも行われており、当時の記録が残っている。首枷をつけられた写真も現存しているが、その哀れな恰好はまさしく「央」だ。両手両足を広げた人間の姿である「大」に、首枷をはめこまれた姿は、正面からは「央」と見えるのだ。

社会の中心などではなく、首が枷の中心にあったというわけだ。ここから真ん中、中央という意味で広く使われるようになっていくが、そのルーツはこれもまた刑罰なのである。

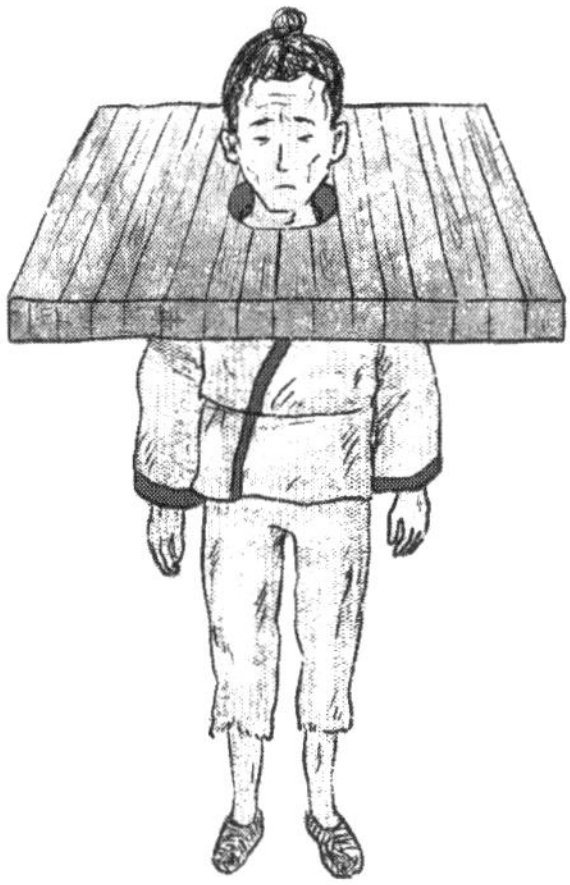

幸

【】

音 コウ
訓 さち、しあわ—せ、さいわ—い

手枷をはめられた人々がすがった、かすかな光

大自然の脅威に抗う科学もなく、未知の世界が広がる古代。規律こそが集団を統治する手段だと考えた王は、きわめて厳しい刑罰をつくったのだ。それは凄惨ですらあった。

生き埋めにする。四肢を動車につないで引き裂く。斬首。命を取られずとも、刺青や、手足の切断、鼻をそぎ落とすといった無残な刑罰は日常的ですらあった。人々は脅え、王に従った。

が、しかし、それほどに過酷な目に遭っている人々もいるのに、この俺は手枷をはめられる刑だけで済んだのだ。よかった。なんと幸運なことだろう。俺は幸せだ……。

そう心底から感じた罪人がいたようだ。左右の手を拘束して自由を奪う器具の形から、「幸」という文字が生まれた。

彼はあくまで、手枷によって束縛された罪人なのである。しかし、

その不自由さの中に、ひと筋の幸福を見出している。どんな境遇でもポジティブであろうとする人間のたくましさか。あるいは圧政の下で本当の喜びを忘れてしまった人間の悲しい姿か。

そんな「幸」を含む「執」は、拘束具によって罪人を捕らえ、ひざまずかせている姿を表している。現代では「執行」「執務」など、物事を厳粛に進めていく言葉によく使われる。

「報」はやはり拘束具で戒められた罪人を、後ろから押さえている形だ。犯罪に対する復讐刑として生まれた文字だ。だから「報復」「応報」と、仇討ち、逆襲を表現するようになった。そこに幸福はあまり感じられない。

「幸」を手にはめられ連行されていく人々は、その厳しさの中にわずかな光を求めるしかなかったのかもしれない。苦しい状況でもなにかひとつ、すがるものを探して、納得する……人間は古代から、そうやって生きてきたのだ。

あなたはいま、幸せだろうか。

学

【】

音 ガク

訓 まな―ぶ

校

【】

音 コウ

訓 ―

「校」で子供たちは拘束され、身動きできなくなった

「央」（→P34）は捕虜の首に取りつけて、自由を奪う拘束具のことだった。首枷である。そして手枷の刑からできた漢字が「幸」（→P36）だった。

　となれば当然、足枷も存在する。その刑罰にあたり、罪人はまず足を交差して組まされたという。その姿が「交」だ。左右の足が組まれたところから、交わる、交差する、かわるがわるといった使い方もされるようになり、そちらのほうが一般的になったが、「交」もやはり暗い過去を持つ漢字なのだ。

　そして組んだ足である「交」には、頑丈な「木」製の拘束具が取りつけられた。これが「校」だ。もう動けない。罪人は足をがっちりと固定され、歩くこともできず、苦しい姿勢のままで生きることを強いられるのだ。

「校」とはそんな残酷な字だったのだが、いつしか用法は変わっていった。「交」は木々を重ねて交差させ屋根にした建物を表すようにもなり、木へんと一緒になると、ある施設を表した。学校だ。「校」ひと文字では、足枷ではなく学び舎を意味するようになる。

では「学」の成り立ちはどうなっているのだろうか。古い字体では「學」と書く。なかなかに複雑だが、分解してみると「臼《きょく》」「爻《こう》」「冖《わかんむり》」「子」の組み合わせであることがわかる。

まず「臼」とは左右の手のことだ。誰の手かと言えば、教師である。そして「冖」は屋根の下、建物の中であることを示す。そこで行われるのは「爻」つまり交流であり、相手は「子」だ。

教室の中で手を振り、子供たちに教え諭す教師のことを「學」と書くようになったのだが、その底流にはいまも古い「校」の思想が流れているのではないだろうか。子供たちを強権で拘束し、自由を奪って学ばせる。教育とは本来そういうものであると「学校」が教えてくれるのだ。

犯

音 ハン
訓 おか―す

「犭《けものへん》」が語る、人の罪とは

犯罪、犯人、犯行……「犯」とは、法律を乱し、ルールを破ることにほかならない。古代だろうと現代だろうと、「犯」に及んだ者は共同体の秩序を乱したとして、刑罰が与えられるのだ。

では、その漢字にどうして、「犭《けものへん》」が入っているのだろうか。「犭」とは、獣の中でも犬のことを指している。ぴんと耳を立てた犬の恰好が、シンプルに文字となったものだ。これは人類にとって、犬が最も身近な動物だったからだと考えられている。

私たちの祖先は羊よりも早く、紀元前1万5000年頃には、狼を手なずけ、犬として家畜化したといわれる。犬は人と暮らし、ともに狩りをして獲物を追い詰め、家や村に怪しい者が近づけば吠えたて、ときにソリを引いて荷物を運んだ。そして家族同様に人から愛され、犬もまた人を頼りにした。長い間、人類にとって動物といえば犬だった。だから犬を描いた「犭」が、動物全般を表したのである。

その「犭」の横にたたずむ、「㔾《せつ》」。これは節旁《ふしづくり》とも言われる部首のひとつだが、人がひざまずいている、あるいは俯き、下を向いているところの象形だ。

犬のそばでひざを折り、いったいなにをしているのか……犯していたのである。背後から犬に襲いかかり、欲望を発散させているおぞましい姿。それこそが「犯」という文字の由来なのである。

その行為は、時代が違えど大きなタブーだった。種を超えた性行為は、宗教的にも、人道的にも許されないことだ。しかも相手は人間のパートナー、犬なのだ。人間として、重大なルール違反だった。だから「犯」は、罪を犯す、規則を破るという意味で使われるようになっていった。さらに、強引に性的な関係を強要したというときにもあてられる文字だ。「犯」には、越えてはならない一線が描かれているのである。

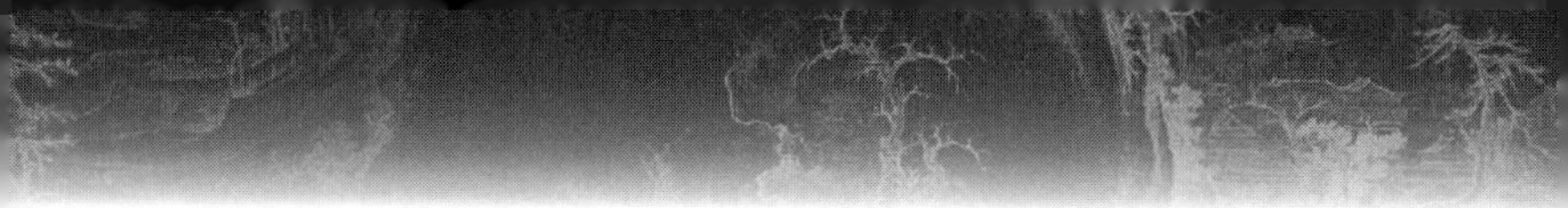

赤

音 セキ、シャク
訓 あか、あか—い、あか—らむ、あか—らめる

真っ赤に燃えているのは、人間の罪か、肉体か

火を手にしたとき、私たちは動物から知恵を持つ人類へと進化したのだ、という考えがある。燃焼の力によって人類は身を守り、ときに相手を攻撃し、夜間での活動も可能になった。その漢字の形は、燃えさかる炎の姿から考えられたという。

人類の可能性を大きく広げた、火。だから人は、火そのものを神格化したり、畏敬の対象とすることもあった。また、なにもかも燃やし尽くすその炎には、浄化の力があるとも考えたのだ。

高く大きく炎を上げて、その前で神事を行い、人々の穢《けが》れを祓《はら》った。災厄に見舞われないようにと祈った。ときに罪人の罪を免じ、赦《ゆる》したこともあったかもしれない。

そんな儀式の様子だろうか。「火」と、手足を広げて立っている人の姿「大」を組み合わせて、「赤」という漢字が成立した。もちろん、その火の鮮やかさとまばゆさから、赤い色合いを指す意味となった。

もうひとつ、「赤」には、「ありのまま」「まったくの」「真実」といった意味もある。炎によってすべてが浄化されて、魂が無垢《むく》になったのだろう。むきだしの純粋な気持ちのことを「赤心《せきしん》」という。穢れを知らない生まれたての子を「赤ん坊」というのも、ここにルーツがあるとも言われる。赤とは原初の色なのだ。

いまの日本でも、赤く燃える炎で穢れを祓う行事がある。お炊き上げだ。お守りやお札など、自分の身代わりに災厄を受け止めてくれていたものを神社や寺に持ち寄り、焼いてもらうのだ。立ち上っていく煙とともに、穢れは浄化されて天に消えていく……。

また一方で、火が燃やしているのは罪や穢れではなく、人間そのものだという説もある。「赤」とは火あぶりをしている場面だというのだ。罪人を火刑に処して、その命ごと浄化する。赤とは火の色、そして罪人の燃える肌の色、血の色のことなのかもしれない。

善

【】

音 ゼン
訓 よ―い

古代中国の裁判のシーンを描写した文字

古代、羊は特別な動物だった。およそ1万年前のことである。人類の歴史上、犬と同じくらい早くから家畜化され、私たちの生活に役立ってきたのだ。栄養源として肉や脂肪や乳が使われ、その体毛は寒さから身を守る服となる。幅広く人の暮らしを支えてきた存在だからか、神に捧げる価値のある動物と考えられ、生贄《いけにえ》としても使われてきた（→P208）。漢字「羊」は、その愛嬌ある顔立ちと、二本の角を図形化したものだと伝えられている。

そして羊はまた、裁判でも欠かせなかった。古代中国では原告と被告がそれぞれ、裁判にあたって羊を差し出す習慣があったといわれる。その様子が「譱《ぜん》」である。「羊」の左右に並び立つ「言」が、原告と被告を表しているが、これは裁判で証言をするからというだけではない。「言（→P120）」には、嘘は絶対に許さず、もし証言に偽りがあった場合は厳しい刑罰を科せられるという誓約も込められている。裁判が厳粛であるために、原告も被告も「言」をもって臨むのだ。

そして開廷すると、双方は羊の前で事細かに、事件や紛争のあらましを説明した。ここから「詳」という文字が生まれた。詳しく申し述べる、という古代裁判の用語だったのである。

さらに裁判の結果がどうなるのか、原告も被告も心配し、心苦しい思いを重ねた。ちょっとした出来事でも裁判の行方に結びつけ、良い兆しである吉祥か、いや悪い予兆の凶祥かと惑う。「祥」の字もやはり、羊の裁判にルーツがあるのだ。

そしてついに、審判が下る。その裁きは絶対である。裁判を執り行うのは人間でも、意思を示すのは羊を捧げた神なのだ。だから、判決は常に正しく、善なるものであるとされた。

この「善」こそ、「譱」が略された文字だ。裁判の権威を表しているのだが、そんな字に使われるほど羊は重要だったのだ。

辛

音 シン
訓 から―い
つら―い

「幸」と同じ根を持っている漢字

「いまはとても辛いかもしれない。でも『辛』という字に横棒を一本、足してみよう。『幸』になるじゃないか……」

日本にはそんな小話がある。辛いことも幸せなことも紙一重、ちょっとしたきっかけで物ごとの感じ方は違ってくるものだ。少し立ち止まって、一本の横棒を、なにか幸せになれそうなことを、探してみようじゃないか。話はそう続けられることが多いだろうか。

しかし、私たちは知っている。「幸」とは決して、幸せを意味する言葉ではないことを。Ｐ36にもある通り、それは罪人の手に使われる拘束具がもとになっている字だ。

そんな「幸」から棒をひとつ抜いてできる「辛」もまた、刑罰に関係している。これは、罪人に刻み込む刺青を彫るための道具の形なのだ。下に突き出ているのは、鋭い針だ。上部に取りつけられた取っ手を握り、執行人は有罪となった者の顔や腕などに針を突き立てる。そして一生消えることのない罪の証を彫っていく。

刺青のあまりの痛みに、罪人は泣き叫んだ。その後の人生も厳しいものとなっただろう。こうして刺し針の姿形が、いつしか「激しい痛み」「苦しさ」「困難なこと」を表すようになる。さらに舌を刺すような刺激ある味覚にも転用され、「辛《から》い」という使い方もされていく。

「幸」も「辛」も確かに紙一重。どちらも拷問器具なのだ。あなたは一本の横棒があるほうとないほう、どちらが好みだろうか。

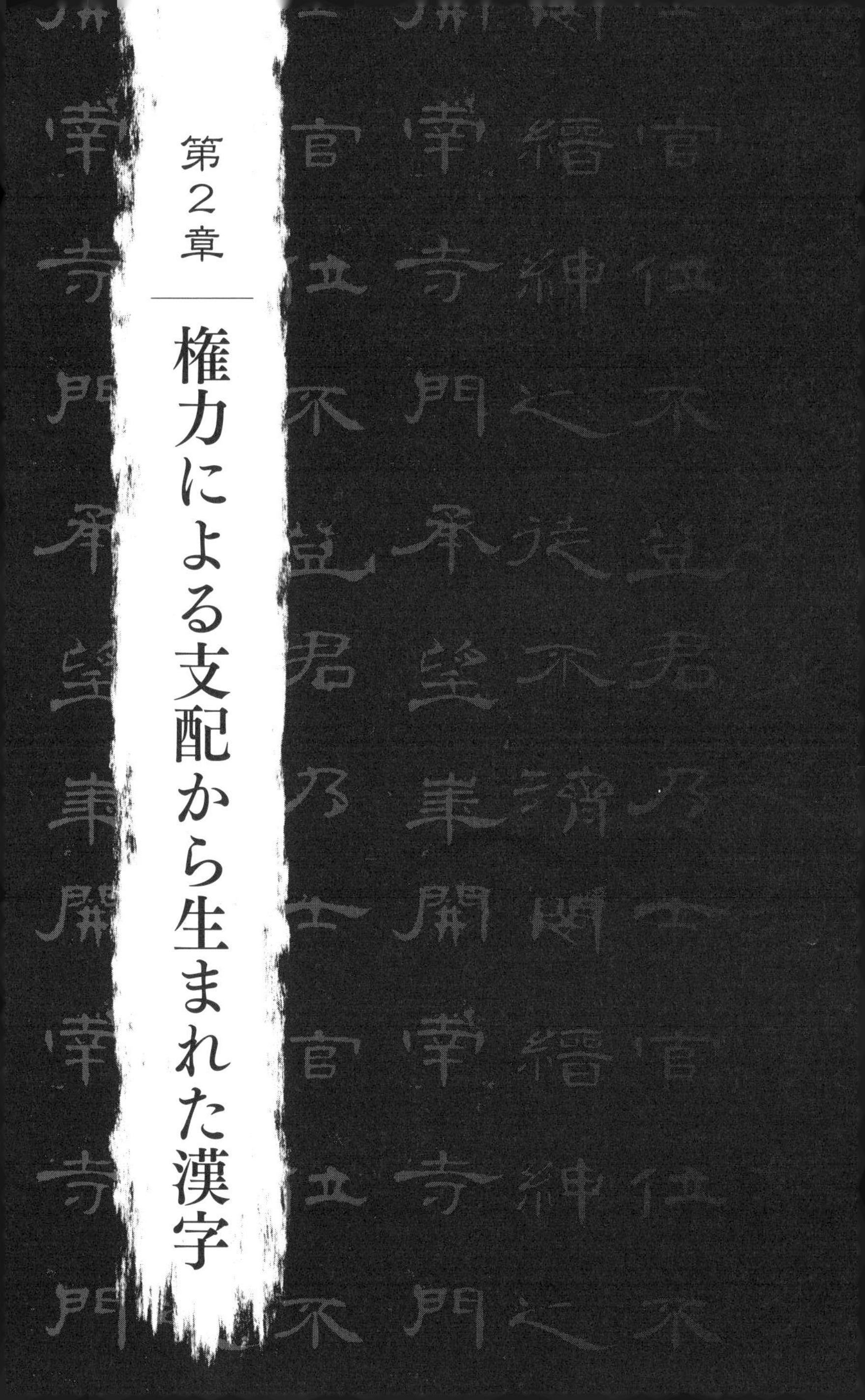

第2章

権力による支配から生まれた漢字

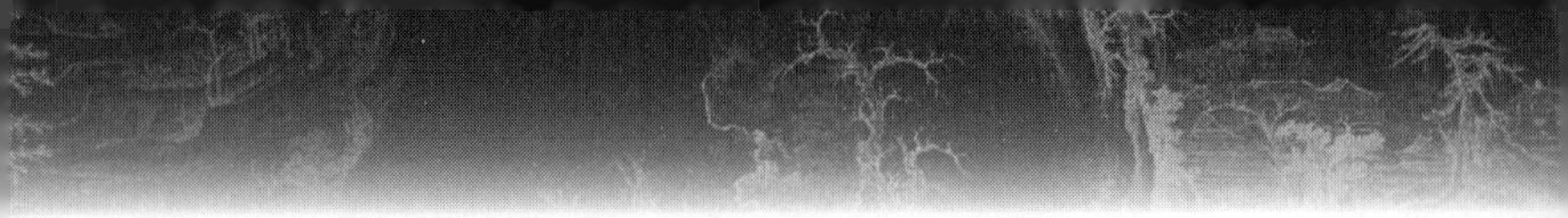

武

【】

音 ブ、ム
訓 ——

兵器とは戦争の道具なのか、和平への手段なのか

古代中国で広く使われていた殺人兵器がある。「戈《か》」だ。長い柄の先端に、直角の刃を取りつけた形をしている。剣と斧の中間のような、鍬《くわ》のようなもので、切りつけ、刺し、殴り、あるいは刃先を引っかけるなど、さまざまな使い方ができた。戦場では兵士たちの標準装備になっていたのだ。

それに長さがあるから突進してくる馬の戦車に対しても振るえた。過去には3メートルほどの「戈」も出土しており、対戦車戦の「決戦兵器」として有用だったようだ。刃は青銅製だったがやがて鉄製へと進化し、さらに殺傷力を増していった。殷の時代に開発され、1000年以上も主力兵器だった「戈」は、まさしく軍事力の象徴であったのだ。

その「戈」と、「止」（→P216）から形成される字が「武」だ。

「止」は人の足の形を模写したものだ。どこかへ歩いていく途中、ひと休みして、止めている足の姿である。だから「ストップ」ではない。基本的には歩き続けているところなのだ。そして、その人が手にしているものは「戈」だ。つまり「武」とは、武器を持って歩いている人々……軍隊の進撃だ。他国や異民族との戦争に出向く軍勢のことなのだ。

しかし後年になると「止」は「ストップ」としても使われるようになる。そこで「武」の意味も変わってくる。「戈」によって戦争を止めるもの、と解釈されるようになるのだ。日ごろから鍛錬をし、「戈」を磨き、強大な軍事力を整えれば、それが抑止力となって他国は侵略してこない。「武」によって平和は達成されるのだ……。

現代の国家もこうした方便を取っている。「核兵器を保持すれば、核による反撃を恐れた他国は攻撃してこない」という考え方だ。「武」とは危険な攻撃力なのか、争いを封じる抑止力なのか。現代社会でも、どちらの意味も持ち続けている言葉である。

最

【】

音 サイ
訓 もっと―も

最も優秀な兵士とは？

古代の合戦場……そこはあまりにも凄惨な殺し合いの場だった。男たちは雄たけびを上げ、突進し、「戈《か》」（→P50）を振り上げ、敵陣へと踊りこんでいった。

目の前にいる敵をどれだけ殺すか。殺せば殺すほど武勲となるのだ。出世も望める。給金も上がり、暮らしぶりも良くなるだろう。そのためには殺して、殺して、殺しまくらなくてはならない。そして我が軍の勝利に貢献した証を立て、自陣へと持ち帰るのだ。とはいえ、大将首ならともかく、何人もの敵兵の頭を抱えるわけにはいくまい。ここは戦場だ。身軽でなくてはならない……。

そこで、おぞましい行為が行われた。

殺害した敵兵の左耳を切り取ったのだ。確かに耳なら、いくつも持ち運べよう。こうして左耳の数で勲章を争うという、戦場のルールが生まれた。

その「耳」と「又」とで、「取」が組み上がる。

「又」とは手のことだ。死体から耳を切り、ちぎる、兵士の血塗られた手のことである。いまも日常的に使われる「取」とは、こうした残酷な風習から生まれた漢字だ。

そんな地獄のような最前線で、ひときわ躍動する者がいる。

彼は勇猛で、戈をうち振るい、次々と敵兵をなぎ倒しては耳を削ぎ落としていく。そしてポケットや懐中だけではもう納まりきらず、とうとう彼は兜を脱ぎ、その下にかぶっていた頭巾を脱いで、耳を入れる袋とし、なおも戦場を駆けた。

彼は戦勝後、兵の中でいちばんたくさんの耳を持ち帰った武勲を讃えられた。「冃《ぼう》」、つまり頭巾にまで「取」ってきた耳を入れて帰ってきた男……彼こそがこの戦争の「最」であった。

第一であること、この上ないことを示す「最」もまた、戦場の血しぶきの中で生まれた文字なのである。

職

【】

音 ショク
訓 ――

その人はなにを識別し、職業としていたのか

「戠《しょく》」という漢字がある。武器である「戈」(→P50)に、飾りをつけて、わかりやすい目印としたものだ。布や織物を表す「巾」と組み合わせると「幟《のぼり》」になる。おもに軍旗を表した。どの国も軍もそれぞれ特色ある幟をつくり、軍事力の象徴とした。

戠に火が加わると「熾《し》」だ。激しく燃える炎のことだが、その赤々とした火は遠くからの目印や信号にも使われたことだろう。また、言《ごん》べんに戠なら、「識」だ。ものごとを知り、理解することを意味する。戠とは、なにかを目立たせて目印にしたり、識別したりという意味で広がっていったのだ。

そして、耳へんがついたらどうなるか。「職」だ。誰もがよく知る通り、仕事を表している。では、この漢字のモチーフとなった人物は、どんな仕事をし、なにを識別していたのだろう。

その人は、耳をカウントしていたのである。自軍の兵士たちが持ち帰ってきた敵兵の耳だ。古代の戦場では、どれだけ相手を殺したかがそのまま武功につながった。それを証明するために、殺した敵兵の耳をそぎ落とし、集めて、大切に自陣に持ち帰ったのだ。

耳の数が兵の出世に直結するのである。本当に敵兵のものか、いくつあるのか、識別は慎重に行わなくてはならない。だから専門の人間が置かれ、記録していったのだ。この耳仕分けの仕事のこと、あるいは仕事をする人間を「職」と言うようになっていく。やがて仕事全般を表す漢字となったが、そのルーツは切断された血まみれの耳なのである。

正

【】

音 セイ、ショウ
訓 ただ—しい、ただ—す、まさ

いつの世も、権力は自らの正しさを声高に主張する

きっぱりとした風格。正しさへの自信すら漂う「正」の一文字。しかしそこには、血生臭さと傲慢さが隠されているのである。

もとになっているのは「止」（→Ｐ２１６）だ。止まるという意味ではなく、いまから先に進んでいこうと、大地を踏みしめたその足の形。「止まる」とはむしろ反対で、前進することを指している。

その「止」の上に「口」が乗っかったものが、「正」の古代文字だという。「口」とはなにか。人間の口ではない。これは城壁の象徴だ。古代中国では街は城壁に囲まれ、守られていたのだ。その街に向かって進んでいく人の足跡……それはいったい、なにか。

軍隊である。城壁に守られた街へと、いままさに軍隊が侵略し、蹂躙《じゅうりん》し、征服しようとしているところなのである。城内はパニックに陥ったことだろう。多数の死者が出る。家は燃やされ、生き残っ

た者も奴隷となる。そのために軍隊は進撃しているのだ。だから侵略するほうは、なにか大義名分を掲げるものである。「正義は我にあり」と。

やがて漢字は、城壁の前面部だけを残して「正」となって、いまに至っている。そして「正しさ」を表すようになった。だがそれは、戦争の正当性を主張するものだったのである。

だから「正」がつく漢字には、支配の匂いがつきまとう。征服の「征」は、制圧した敵軍や街から、税金を取り立てるという意味もある。さらに政治の「政」のつくり「攴《ぼく》」は、「又（手）」と、「卜（木の枝や棍棒《こんぼう》など）」からなっている。武器を振り上げた人の姿なのだ。その強制力でもって「正」を成す。それが「政」である。

侵略軍の最前線で、人々を従わせ、徴税していた役職のことは、そのまま「正」と呼ばれた。支配されるほうにとっては、正義でもなんでもない存在だったろう。いまの日本でも、警察や検察の階級に警視正、検事正があるのは、その名残りである。

国

【】

音 コク
訓 くに

人を疑い、武装することから国家ははじまった

人類は農耕をはじめることで、飢えとの戦いからいくらか解放された。しかしそれは、新しい争いのはじまりでもあった。農耕によって安定生産できるようになった食料を貯めこむ人々が出てくることで、貧富の差が現れたのだ。その蓄えの量を競い、他者を疑い、盗まれないようにと柵や堀で家を囲う。他者は立ち入るなと区切る。そんな土地の占有と奪い合いを表す漢字が「図」（→Ｐ194）だ。

そして人は自分たちの領地をどんどんと広げ、境界を定め、他者を排除するようになっていく。もう柵や堀だけでは心配だ。誰が忍び込んでくるかわからないのだ。そこで領地のところどころに、兵士を配置した。「戈《か》」（→Ｐ50）という強力な刃物の武器を持たせ、警戒にあたらせた。

その「戈」と、区切られた場所を表す「口」に、土地の境界線である「口」が重なると「或」になる。この一文字で、武装兵が守る領土を示している。

人々は領土をなおも押し広げていく。要所には土塁を築き、やはり兵士を置いて、我らが土地だと主張する。それが「域」だ。

そして「或」を、さらに堅固な城壁で囲み、「國」とした。この文字が簡略化されて「国」となっていった。

他者を警戒し恐れるあまり、武装した兵士を外周にめぐらせる……国家とは富をめぐる猜疑心から生まれたものなのかもしれない。

盟

【】

音 メイ
訓 —

明かりの下、皿に入っているものはなにか

「明」という漢字には、ポジティブで前向きな印象がある。光量が多く見やすい状態だけでなく、将来の良い見通しであるとか、朗らかで活発な性格なども表現する文字だ。

その構造は太陽の「日」と「月」からなり、陽光と月光のまばゆさから、明るいという意味ができた……という説もある。

しかし「日」の部分の古い字体は「囧《けい》」だったとも考えられている。窓のことだ。とりわけ、月明かりが差し込む位置につくられた窓のことだったという。

いまのように、夜でも煌々と照明がある時代ではない。日が暮れると世界は漆黒に包まれた。火は貴重なものなので、室内ではせいぜい台所に種火がある程度。夜とは深い暗黒だったのだ。

そこに明かり取りの窓から差し込む、月光。それはなんと神々し

く、頼もしい光だったろう。昼よりもなお、明るさと喜びを感じたかもしれない。「明」とは、決して満ちたりた明るさではない。なにもかもが不自由しているからこそ感じられる、小さな幸せのことなのだ。その幸せを噛みしめることこそが、生活なのだろう。

そして、「明」の月明かりの下で交わされる儀式があった。

男たちが皿になみなみと、動物の血を注いでいるのだ。生贄として捧げられた牛の血であった。生温いその液体を、男たちは一気に飲み干すと、これからともに闘い、協力しあうことを「明」の前に誓うのだ。ここに同盟、血盟が完成した。

ほかの氏族や他国と手を組むのは勇気が要ることだ。疑心暗鬼にもなる。それはいまも昔も変わりあるまい。だから互いの決意を示すため、裏切りを許さぬために、首領たちは神々しい月光を浴びて契約を結ぶのだ。「盟」とは、それほどに重い結びつきなのである。「明」という温かな漢字も、「皿」の一字が加わるだけで、ずいぶんと意味が変わってくるのである。

印

音 イン
訓 しるし

権力者と民衆の厳しい上下関係を記したもの

現在の私たちにも身近な印鑑や印章は、すでに紀元前5000年にはメソポタミアで使われていたらしい。アジアでは殷の時代の遺跡から印章らしきものが出土している。古代の印章とは、権力の証だ。王の所有物や手紙に独自の印を記して、権威を表したのだ。だから漢字の「印」にも、その思想が見て取れる。

左の「⺕」は、もともと「爪」だったと考えられている。爪を見せるような形で、大きく手を広げている。その様子は、なにかを圧し、押さえつけているようだ。

そして右側の卩は、ひざまずいている人の姿なのだ。正座をして、頭を下げ、額づき、屈服している。目の前に広げられ、自分を制している権力の手の前に、平身低頭しているのである。

はっきりとした上下関係。支配者と、被支配者。その抗えない契約の姿を、社会に向けて証明し、宣言するものが「印」なのだ。

まず権力の象徴に使われはじめた印章は、やがて商取引や所有権の証明などにも用いられていく。それらもまた契約のひとつだからだ。そこから、個々人が自らを証明するものとしての印章が普及して、いまに至っている。

また、「印」と似た「卬《ごう》」も、同じひざまずいている人と従う人の象形だ。

だから、壇上に立ち、見下ろす支配者を、人々は「仰《あお》ぎ」見た。そして、支配者が道ゆくところの姿を「迎」という漢字で表した。人々は通りに出て、支配者をひざまずいて出迎えたのだ。

そんな支配者に、巨大な権力に対して、抗う動きも当然出てくるのが世の常というものだ。しかし、それもやがて制圧されていく。「印」をさらに手で押さえれば、「抑」となる。権力による抑圧だ。

私たちが日ごろ使っている印鑑にも、権力の名のもとに他者を支配するという考えが込められているのである。

衣

音 イ
訓 ころも

代々受け継がれてきた権力の証

左右に重ねた服の襟もとの形がルーツである「衣」は、近年は女児の名前に人気となっているそうだ。衣服のようにやわらかに人を包みこむイメージから、優しさや包容力のある子に育つようにと、親は願いを込めるのだ。

しかし古代中国で「衣」と呼べるものをまとっているのは、近寄りがたい高貴な身分の人々だった。生きていくことだけで精一杯だった時代、庶民は着るものに気を使う余裕はない。「衣、食、住」が足りていたのは支配者層だけだったのである。

つまり「衣」は権力の象徴でもあった。とりわけ国を率いる王や、祭祀を司る神官は、より豪華で、きらびやかな衣装を身につけた。そして自らが権力の座から降りるときは、後継ぎに衣服や装飾品などを譲り渡したという。服そのものだけでなく、王や神官の巨大な支配力、そして神に通ずる霊力をも、受け継がせるという意味を持たせた。こうして一族の、支配者層の基盤を確かなものとしたのだ。

その考えは中国から日本にも入ってくる。そして現代にまで伝わっているのだ。天皇が即位してはじめて行う収穫祭＝新嘗祭《にいなめさい》のことを「大嘗祭《だいじょうさい》」と呼ぶが、このときに特別な「衣」をまとうのである。大嘗祭が行われるその夜、天皇は一世一代の儀式を前にして湯を浴び、沐浴《もくよく》をするのだが、そのとき「天の羽衣」という浴衣のような服を着る慣わしだ。さらに真床覆衾《まとこおふすま》なるものをまとって、夜を過ごすのだという。衣服であるとも寝具であるともいわれるが、秘中の秘で窺い知ることはできない。先祖代々の天皇の力を受け継ぐ儀式として皇室に伝わっているようだ。

だから後を継ぐという意味の、世襲や襲名の「襲」にも「衣」が入る。死者の衣に龍の文様を描き、それを後継ぎが着る儀式がもとになっている。攻撃するという意味はあとからつけられたもののようだ。

衆

音 シュウ、シュ
訓 ——

一般大衆とは「強制労働に従事する人々」のこと

「たくさんの人」や「人数が多いこと」、それに「一般庶民」などを広く表す言葉である「衆」。

漢字の下半分で、まずその様子がよくわかる。もとになっているのは「乑《しゅう》」という字だ。３人の人が寄り集まっているところだという。そこから転じて、人がおおぜいいるという意味を持つようになった。

そんな人々の上に、血があるではないか。そのしたたる血に、人がまみれているようだ。実は凄惨な漢字なのである。

人を圧するように、のしかかる「血」。それは強制労働の姿ではないかという説がある。どれほど苦しかろうと辛かろうと、血を吐くまで無理やりに働かせているのだ。

また、これは「血」ではなく「目」が横になったものだとする意見もあるが、意味はあまり変わらない。目とはつまり、監視のことである。しっかり働いているか、手を抜いていないか、監督する人間のもと、やはり強制労働に従事する人々……。

また血でも目でもなく、「口」がもとになっているという考えもある。城壁を表す文字だ。これも、やはり表すところは同じである。城壁の中に閉じ込められて、厳しい労働に苦しむ人々の姿だ。

どう転んでも、お上《かみ》から労働を押しつけられ、働かされているという意味からは逃れられない。それが「衆」であるというのだ。それが一般庶民だと、この漢字は教えている。私たちは漢字が生まれた古代から、為政者のために働かされてきたのだ。

時代は変わり、いちおう人権というものが整備され、強制労働は表向き減った。しかしブラック企業や、悪質な中抜き業に搾取される人は後を絶たない。いまでも人々は血を吐き続けている。世の権力者は、そんな私たちを指して「大衆」「民衆」と呼んでいるのである。

民

【】

音 ミン
訓 たみ

権力者から見た、私たち一般庶民とは？

一般の人。官位に関わらない、社会を構成する人々。「民」を辞書で引けば、そんなことが書かれている。すなわち、私たちひとりひとりのことだろう。市民、庶民、住民、平民、人民……個々は小さな力のない存在かもしれない。それでも、おおぜい集まれば、民族となり、巨大な国民国家を形成する。私たち「民」は、人間集団の基礎だ。

だが、その「民」を、支配者たちは果たしてどう思っているのだろうか。国を治める政治家や官僚たちから見た私たち「民」とは、いったいどんな存在なのか。漢字の成り立ちから、その考えを見ることができる。

「民」の古代文字は、目に針を刺している図形なのである。上にある四角い形が目の象徴で、そこに下から針が突き刺さっている。これが「民」の原型なのだ。

無残にも目をつぶし、失明させて、逃げられない状態にしたのだ。光を奪われたのはおもに、征服した異民族であったらしい。捕虜として捕らえられたのだ。彼らは視力を封じられ、動きにくくさせられて、奴隷として酷使させられたのである。

あわれな盲目の奴隷たちは「民」と呼ばれた。そして征服者たちは自らを「人」と称した。「民」とは本来、自由意志を持たず、逆らうことも逃げることもできずに、ただ働くことだけを強制された古代の奴隷たちのことなのだ。「人」ではなかった。

やがて「民」は「盲目的に支配者に従う、無知な大衆」を表すようにもなっていく。時代が移り変わって、「民」と「人」とが同じような意味で使われるようになっても、権力者たちは私たち庶民を奴隷のように見ているのである。「民」はなにも知らない、道理のわからない愚民である、という考えが、そこには込められているのではないだろうか。国民、民衆、民間、民主……そんな言葉の意味も、もう一度考え直してみるべきなのかもしれない。

王

【】

音 オウ
訓 ――

一国を治めるために必要なものとは、なにか？

三本の横棒は、それぞれ天、地、そして人なのだという。太陽や月や雲が輝く空と、実りをもたらす大地、国を形づくるたくさんの人々……これらをまとめあげ、束ねる一本の力強い縦の線。それこそが「王」なのだ。そう説いたのは、紀元1世紀頃に活躍したといわれる後漢時代の学者、許慎《きょしん》である。大自然と、民とを統べる者が、この世の王である、と。

しかし、まったく別の由来も唱えられている。

「王」の古代文字を探っていくと、「三本線をまとめる一本の軸」とは違う形に行きつくのだという。それは、巨大な斧の刃によく似ているのだ。古代、斧のような強力な武器を手にすることができたのは、王あるいは王の軍隊だけだった。ときにその斧を振りかざし、敵軍を滅ぼし、逆らう者を殺してきただろう。斧こそは、軍事力と権力を表すものだったのだ。

だからいつしか斧は武器ではなく王権の象徴として装飾され、玉座に置かれたという。その斧の形から「王」という文字が作られた。天・地・人を治める人徳の王、ではない。強大な軍事力を背景に人々を従わせる強権的な存在こそが、王なのだ。

この斧の上部、取っ手の部分に、高価な宝玉を埋め込むと、美しく光り輝いたという。その様子が「皇」だ。軍事力に加えて経済力を表す宝玉の前に人々はひれ伏し、皇位の正統性を認めたことだろう。人を支配するために必要なのは武力と金であると「王」と「皇」が教えているのだ。

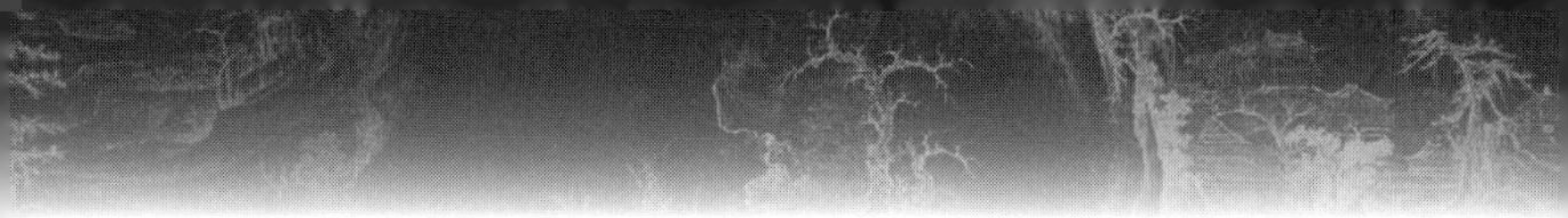

令

音 レイ
訓 ――

「令和」の本当の意味とはいったい？

「人々が美しく心を寄せ合う中で、文化が生まれ育つ、という意味が込められております」

2019年から始まった新元号「令和」については、そんな説明がされた。「令」には「良い」「立派な」「美しい」といった意味があるのだという。実際、「令和」の引用元となった万葉集の一節には、「初春の令月《れいげつ》にして」とある。春先の夜空に輝く冴えた月のことだという。なるほど花鳥風月を大切にする日本人らしい発想だ。

しかし、多くの人が疑問に思ったのも確かだ。「令」とは、命令の「令」ではないのだろうか、と。

古代中国では、権力によって相手を従わせる姿から、この漢字が成り立っている。

上の「亼《しゅう》」とは、高位の人がかぶる冠のことだ。そして下部の

「卩《せつ》」は、人が頭を下げて、ひざまずいている姿。

つまり権力者にひれ伏し、その命令を聞くために集まっている、庶民のことなのだ。また冠をつけた神職や為政者が、平身低頭して神のお告げを聞いている場面だともいわれる。いずれにせよ、絶対的な権力者がなにかを命じている姿こそが「令」である。

命令を下す人物の高い身分から「立派」「良い」という意味も派生していったが、もともとは命令、つまり法律や規則、世の秩序を示す、冷厳とした漢字なのである。中国や明治時代の日本では、自治体のトップを「令」と呼ぶこともあった。「令和」での使われ方はむしろ珍しい用例だといえるのだ。

「令和」とは、本来の意味通りに読めば「和するように、令すること」にほかならない。命令や法によって、平和を強制する。ともかく戦いがなければそれに越したことはないのだが、しかし平和すらも権力者の命令のままというのは、いかにも上意下達な日本人の発想なのかもしれない。

狂

音 キョウ
訓 くる―う、くる―おしい

王の号令によって、兵士たちは正気を失った

戦いのときである。

王は立ち上がり、人々に檄《げき》を飛ばした。兵士たちを勇気づけ、民衆を鼓舞し、必勝を宣言するのだ。王に呼応して誰もが叫ぶ。異様な熱気に包まれる中、王は自らの権力の印である、巨大な斧（↓P70）に足を乗せた。その様子を文字にしたものが「㞷《ほう》」だ。

斧を踏みつけるかのような王の雄姿を見て、歓声が沸き上がる。これまで先代より受け継いだ斧の大きな刃から、王に霊力が乗り移る。これでもう、負けるはずがない。我が国の勝利は約束されたのだ。王が鬨《とき》の声を上げる。いざ、開戦だ。兵たちは取り憑かれたように、次々と飛び出していった。

戦争には我を忘れるような熱狂が必要だ。平常心でできるものではない。その異常な精神状態に民衆を導くためのスイッチが「㞷」

だった。「狂う」「正気を失う」という意味だ。

常軌を逸した兵士たちの姿はもはや、吠えたて暴れる動物のように見えたのかもしれない。だから後年、「犭《けものへん》」が添えられ、右側は簡略化されて、やがて「狂」となった。

命を奪い合う戦争に求められた、狂気。それを民に与えるのは、いまも昔も指導者なのかもしれない。そして彼の言葉に熱狂した人々は、喜んで死地に向かっていくのだ。

働

【】

※「動」の古代文字

音 ドウ
訓 はたら―く

中国には存在しなかった、日本独自の「国字」

「働」は現代日本でもひんぱんに使われる漢字だ。そのつくりを構成する「動」だが、これはよく「重いものを持っている人と、力強い腕の組み合わせ」だと言われる。

しかし、まったく異なる論もあるのだ。

「動」の左側はもともと「童」であったというものだ。これは子供のことではない。刑罰として目の上に刺青を入れられた犯罪者、あるいは奴隷のことを指す漢字だという。そんな人々が「力」、すなわち鋤《すき》を手に、田畑で農作業に従事させられる……それこそが「動」の本質なのだ。農奴の姿なのである。

彼らが自らを慰めるために口ずさんだ悲歌は、「童謡」と呼ばれた。子供たちが歌う、のどかな歌ではない。恨みと怨念のこもった呪いの歌と恐れられることすらあった。現在の童謡にも、どこか寓話的で恐ろしげな暗喩が隠されているものだが、それはこうしたルーツを持っているからだ。

やがて「童」は、子供という意味でも使われるようになっていく。寺院などで奉公する子供たちの姿と、奴隷のように酷使されるという意味が重なり、派生していったものと思われる。しかしもともとは、刺青をされた罪人のことなのだ。

その罪人であり農奴である「動」を、人の監視のもと使役することが「働」だ。しかしこの漢字は、実は中国にはなかったものだ。明治以降、日本でつくられた「国字」なのである。「和製漢字」ともいう。明治以降に生まれた新しい価値観に合わせてたくさんの国字が開発されたが、「働」もそのひとつとして定着していった。

この漢字はやがて中国に〝逆輸入〟され、広く使われるようになる。労働者を管理し、強制力をもって、働かせる……そんな本質を、労働は尊く美しいといった言葉で覆い隠す。それはおそらく、中国も日本も変わらない。

省

【】

音 セイ、ショウ
訓 かえり—みる

古代の役人たちが持っていた呪いの目

呪術に重きが置かれていた古代、魔力をより高めるために、さまざまな方法が考え出された。そのひとつが、眉飾りだ。眉やそのまわりに装飾をつけたり文様を描いたりすることで、目線に込められた呪力が増したといわれる。この風習は世界各地で見られ、アイシャドーの原型になったのではないかという説もある。目のまわりをメイクすることで、目を大きく強調して見せ、相手を魅惑する効果をもたらしたのだ。

その飾りを施した目が「省」だ。「目」の上にある「少」が、眉飾りである。「省」を持っていた人物は、おもに役人だったといわれる。呪術力を増したその目で、いったいなにを見ていたのか。

地方の村や町を視察し、見回っていたのだ。なにか問題はないか。犯罪が起きてはいないか。徴税は順調か。中央への反乱の兆しがありはしないか……。

人々の心の中までも見透かすような呪力のある目で、下々の生活をチェックし、取り締まる。それが「省」の意味だ。

だから現在、国を治める中央官庁のひとつひとつには、「省」の文字がついているのだ。法務省、外務省、財務省、経済産業省……こうした行政機関は、いまでは呪術ではなく、科学技術や個人情報を駆使して人の暮らしを見張り、律し、国を治める。それが現在の「省」なのだ。

この役人の見回りの結果、不穏分子が見つかったらどうなるか。連行され、しかるべき処分を受けるのだ。場合によっては、社会から取り除かれることもあるだろう。そう、省かれるのだ。

そしてまた「省」は、他者だけでなく自分自身のことを見つめるという意味も持つようになる。自らを省みて、反省したのである。

人の目から、かくもさまざまな言葉が紡ぎだされていく。目にはいまも昔も大きな力が宿っているのだろう。

税

音 ゼイ

訓 ―

まるで服を脱がされるように、収入を奪われる

「禾（のぎへん、か）」は、穂、稲などの漢字に使われている通り、穀物の収穫を表す。同時に「財産」も意味する。古代では穀物がすなわち富の象徴だったからだが、ここに忌まわしい風習も生まれる。「税」である。収穫物や収入の中から一部を「公」に差し出して、社会に必要なものをつくる財源とする。ときには労働力を提供して公共に役立てる。そんな制度は遠く古代からある。日本でも3世紀に中国で書かれた『魏志倭人伝』に「女王・卑弥呼《ひみこ》の支配する邪馬《やま》台国《たいこく》に種もみや織物が納められていた」という記述がある。これが「税」だと考えられている。

その「税」の左の偏は「禾」だが、右には「兌《だ》」が入る。これは人が服を脱いでいるところを模写し図形化したものだといわれる。だから「脱」にも入る。服を一枚一枚脱いでいくように懇切丁寧に教え諭すことは「説」だ。さらに悩みから解放されることと衣服を脱ぐことを重ね合わせ、喜びに包まれれば「悦」となる。

そして人から服を脱がすように、収穫物を強制的に奪うところが「税」なのだ。確かに税金を納めるときには、身を切られ服を剥がされるような痛みと寒々しさがあるものだ。私たちは太古から税に苦しんできたのである。

ちなみに税金は「租税」といわれる。「租」も税の一種で、日本では飛鳥時代に導入された。米の収穫から一定の割合を国に差し出す。そのために積み重ねられた稲が「且《しょ》」だ。庶民の口に入ることなく、召し上げられてしまう新米の山のことなのだ。

組

音 ソ
訓 く―む、くみ

糸によって統率と序列を教え込まれる場所

年を重ねてもなお、心に深く刻まれて、忘れることのない学生時代。どんな出来事があり、誰を思い、どのクラブに所属し、何年生のときは何組にいた……などと、きっと覚えていることだろう。

この学校のクラスを表す「組」とは、そもそもなんなのか。

糸へんと組み合わさっている文字は、「且《しょ》」という。糸が編み込まれ、複雑に階層をなした様子のことだ。一本だけでは頼りなかった糸も、織っていくことで強固になり、美しい文様を見せるようになる。「組」は織物に関する字だったのだ。

こうして布や服などをつくる作業は、現在ではコンピュータで制御し機械を使うことが多いだろうが、古代では専門の職能集団が行った。その仕事ぶりはまさに一糸乱れず、おおぜいの人々が正確に素早く機織り機を操り、つぎつぎに布を織りだしていった。この機織り集団を「組織」と呼んだのだ。

やがて「組織」や「組」は、専門的な作業に従事する、統制された人々も表すようになっていった。そう、子供たちのクラスにあてる字として「組」は少々、重く厳しい字なのである。そこに個性や自由は必要とされていない。「組」に求められているのは黙々と布を生産すること。しかしそれこそ、従順な労働者を大量育成する日本の学校教育に欠かせない要素なのかもしれない。

「級」も同様だ。「及」とは糸を順番に次々と繰り出していくことだ。そこから、ものごとの順序や序列という意味にもなった。階級や等級という言葉が代表的だろう。そして学級とは、学校内の序列、カーストのことである。上級生、下級生、進級……これは軍隊でも使われた。古代の秦《しん》では、敵兵を殺し、首を取ると「首級を上げた」と喝采され、階級が上がったのだ。

「糸」によって子供たちを縛り、矯正していく場所こそ学校であるのだと、「組」と「級」は示している。

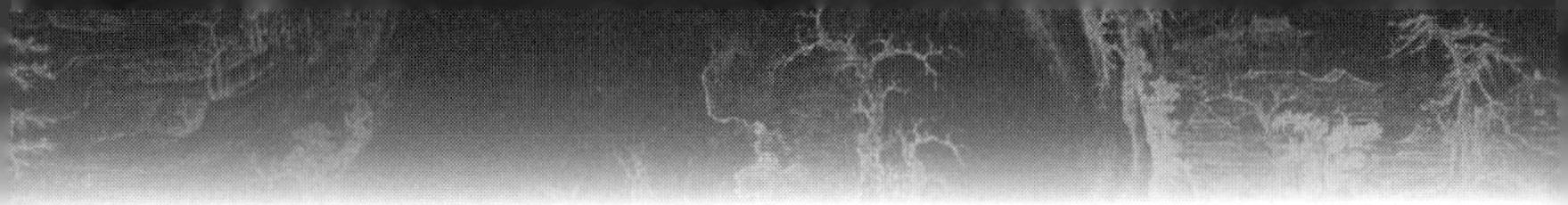

教

【】

音 キョウ
訓 おし—える、おそ—わる

子供はムチで殴って習わせるべし

古代中国は、漢字を生んだとされる殷の時代からすでに、教育制度を確立させていた。3000年以上前に、学校が存在していたのである。8歳になると子供たちは地域の学校に通い、読み書きや計算、暦などを学ぶほか、親や目上の人に対する敬意、勤勉さ誠実さといった、人としての道も教わった。社会の中で生きていく知識と知恵、それに倫理も身につけることができたのだ。

ただし、人権もコンプライアンスもない時代である。教師たちは容赦なく生徒たちに体罰を振るい、力でもって学習を「強制」してきたのだ。教育とは古来、厳しいものだったのである。

ときに怒号が飛び交い、ときに子供たちを叩く音が響く、古代の教育現場……その様子が「教」という文字にはある。

古い字体では「教」と書く。これは3つに分解できる。左側の

「爻《こう》」と「子」、それに右側の「攵《ぼく》」だ。

「爻」とは交わる様子。そこに「子」が加わると、子供に習わせるという意味を持つ。あるいは「爻」は屋根のことで、その下に子が集う形から学校を表すという説もある。

そして問題は右側、「攵」だ。この字は、資料によっては「子供たちを指導しているところ」などとボカしている。しかしこれは「人をムチで殴っている様子」を模写したものなのだ。

「攵」の旧字は「攴」。同じように「ぼく」と読む。ほかに「とまた」という読みもある通り「ト」と「又」にわけられる。トはムチ、あるいは棒や木の枝と言われる。それを「又＝手」で持ち、左側の「子」を殴っているのだ。「攵」や「攴」が「ぼく」と発音するのは、殴打したときの痛々しい音からきているとも伝わる。「教」とはそうした漢字なのだ。

痛みを伴って身体に刻み込むこと。教育とは古代からつい近年まで、そういうものだったのである。

努

※「奴」　※「力」

音 ド
訓 つと―める

努力は「するもの」でなく「させられるもの」だった

古代の奴隷制度をルーツに持つ漢字は多い。それだけ奴隷という存在が、人々の生活に身近だったことが伺える。

「努」もそのひとつである。努力という熟語に代表される通り、力を尽くして、励むという意味だ。上部を構成する「女」と「又」は、組み合わせれば言うまでもなく奴隷の「奴」となる。「又」とは手の形を示しており、その手でもって女を捕まえ、奴隷としたのだ。

かつて戦争とはそういうものだった。勝利を重ねた軍勢はときに村を焼き、非戦闘員を殺戮し、女性を暴行し、誘拐することさえあった。奴隷として働かせるためである。やがて「奴」は女性だけでなく男性も含めた奴隷全般を指す言葉になっていく。

兵士の手によってさらわれた奴隷たちは、さまざまな労働に従事させられた。そのひとつが農耕である。機械もない時代だ。厳しい作業であったに違いない。奴隷たちは人力で田畑を耕したが、そのときに使う鋤の形から「力」という文字ができて、「奴」と合わさって「努」になった。奴隷たちが田畑で強制労働に従事している姿……それが「努」なのだ。

人の下に人をつくり、使役し、酷使することが人類の歴史なのかもしれない。現代を生きる私たちも日々、仕事や勉強に努め、努力しているわけだが、誰かに強いられたものではないかどうか、考えてみるべきかもしれない。

侍

音 ジ
訓 さむらい はべ—る

武士道に生きる戦士たちのことではなかった

しばしば日本人の精神性の象徴ともいわれる、サムライ。主君に仕え、忠誠を誓い、いざとなれば命をも投げ出す。剣に賭け、武芸を磨き、義を重んじた、武士の別名だ。

この武士たちは平安時代の日本に現れ、それぞれ力のある豪族を主君とした。武具を携えて主君を守る存在だったが、「常に寄りそう」「従う」という意味の「さぶらう」という動詞が変化していき、やがて「サムライ」とも呼ばれるようになった。ではなぜ「侍」という漢字があてられるようになったのだろうか。

そもそも右側の「寺」とは、古代中国では宗教施設を表す文字ではなかった。足を意味する「之」と、手を意味する「寸」の組み合わせだ。手足を忙しく動かして働く、ということだ。誰のために働いたのかといえば、貴族など身分の高い人だ。そういった人々が出入りする官庁、つまり役所こそが、「寺」だったのである。

だから人べんのついた「侍」は、役所で働く雑用係、とでもいう立場の人々だったと考えられている。武士道を貫く姿とはほど遠い。刀を手に戦場を駆けることもない。単なる世話係にすぎなかった。

「寺」の意味が変わってきたのは紀元1世紀、後漢の頃だといわれる。遠くインドで生まれた仏教が、中国にも伝来したのである。布教のために訪れたインド僧たちが拠点としたのは、役所のひとつ鴻《こう》臚《ろ》寺《じ》だ。外国人を取り扱う部署で、いまでいう外務省や入国管理局のようなものかもしれない。

やがて仏教関係の来訪者が増えるにしたがって、寺という言葉は仏教の宗教施設も表すようになった。そしてだんだん、役所ではなく寺院という意味で使われるようになっていく。

一方で「侍」は「仕える者」という意味を保ち続けた。侍女や侍従という言葉もある。やがて日本で武士の世が花開くと「侍」は持て囃《はや》されるようになったが、ルーツは役所の雑用なのである。

主

音 シュ、ス
訓 ぬし、おも、あるじ

一家の長だけが扱うことを許されたもの

人間の生活を根本から変えた、火。この燃焼作用を理解し、利用し、管理することで、人類文明は飛躍的に発展した。加熱調理を覚えたことでさまざまな動植物の栄養を取り込むことが可能となり、寒さから身を守り、獣を追い払った。

そして、争いの様相もまた一変したのだ。激しい炎の力で岩石から金属を取り出して加工し、強力な武器をつくった。矢は先端に火がつけられて、殺傷力を増した。争いに負ければ、集落ごと燃やされ灰にされることも日常的となった。火は確実に人間の暴力性を高めたのである。

創造にも破壊にも大きな力を振るう火は、ときに神格化され、崇められた。火を利用しはじめた当初は、共同体の生活を支えるものとして、各家庭でも重要視されたという。一家の長のもと、種火は大切に管理された。誰もが扱っていいものではなかったのだ。

そんな火は燭台《しょくだい》に安置され、家の奥で静かに燃え続けていた。その形を文字にしたものが「主」だ。いちばん上の点はもちろん、灯っている炎を表している。その下の「王」が燭台だ。上部には油が注がれていただろう。この「主」こそ一家の長、そして集団を束ねる権力の象徴だった。だから「主」は主人、主君、主役という意味で使われるようになったのだ。

「王」はまた、巨大な斧を象った文字でもある（↓P70）。玉座に置かれて下々を威圧する、絶大な権力の証だった。その意味も「主」には込められていただろう。火と武器でもって、人は「主」の座に座ったのである。

その主が暮らす場所が「住」だ。主が進軍する様子は「往」と表現された。主の乗り物である馬が留まっていれば「駐」である。しかし「注」だけは色合いが異なる。燭台に油を流し入れることから、注ぐという意味になったと考えられている。

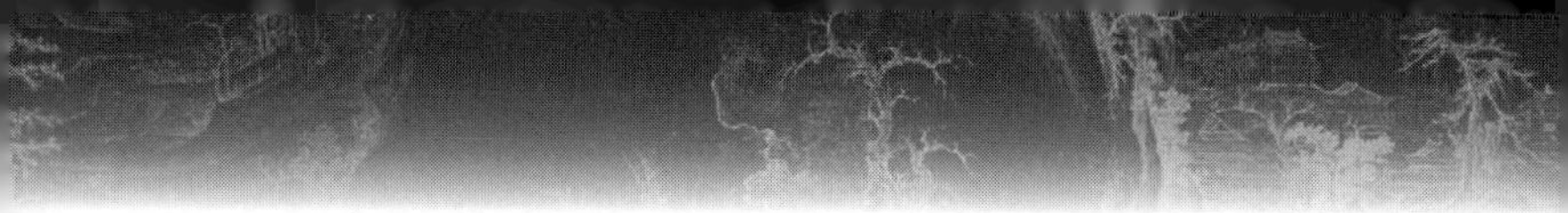

京

【】

音 キョウ、ケイ
訓 みやこ

人柱によって栄えた、呪われし都

794年に遷都されて以来、1000年以上にわたって日本の首都であり続けた京都。「京」という漢字そのものが、中央政府のある都、君主が住む場所という意味を持っている。そのため日本でも古くは、飛鳥京《あすかきょう》や恭仁京《くにきょう》が京都と呼ばれたこともあったらしい。794年に現在の京都市の中心に平安京がつくられてからは、「京」のひと文字で首都を表し、天皇の住まう街を表し、京都そのものを表すようにもなった。

中国でもやはり、「京」は君主の住む宮殿のある街のことを指す。現在の中国の首都は北京《ぺきん》であり、かつて国民党政府の首都が置かれていたのは南京《なんきん》である。

しかしもともと「京」は、都市ではなく、街をぐるりと取り囲む城壁のことだったという。とりわけ城壁の要所要所に設置され、門の役割も果たした高い構造物を「京」と呼んだのだ。不審者を警戒するための見張り台が設置されることもあった。その高くそびえる城門の形をモチーフにした漢字だ。

つまり「京」とは、街を守るものである。だから、決して破れず、崩れることなく、堅牢でなくてはならない。そのためには、建築技術の粋《すい》を凝らすだけでは足りないのだと、古代の人々は考えた。なにより必要なものは、人の命であった。戦争捕虜や奴隷を殺して、「京」に塗りこめたのである。人柱《ひとばしら》だ。

死者の血を吸い、霊が埋め込まれた「京」は、より強固になると信じられた。これは神事の一環でもあり、建築物の工事には欠かせない重要な儀式だったという。古代世界では広く行われており、中国だけでなくアジア各地やヨーロッパ、アフリカなどでも見られる風習だ。日本でも古代から江戸時代まで、城や橋、やぐらの建設にあたり人柱が捧げられた例が数多く残されている。そうした血塗られた城門に守られて、街は繁栄したのである。

県

【】

音 ケン
訓 あがた

逆さにすると、どんな字になる？

日本でも行政区分のひとつとして使われている、県。この漢字をひっくり返すと、また別の漢字によく似ていることに気がつく。「首」である。

切断された首が逆さに吊るされて、髪の毛がだらりと垂れ下がっている……「県」は、そんな無残な姿を映し出した文字なのだ。

その古い字形は「縣」だった。これがだんだん簡略化されていったのだが、昔は「糸」が字の中に入っていた。言うまでもなく、首を引っかけ、吊るすための糸である。あまりにもダイレクトに、残酷なシーンを描いた文字なのだ。

その様子から、「縣」は引っかかる、ぶら下がるという意味を持つようになる。そして「心」がつくと「懸」だ。気持ちのどこかに引っかかるものがある、懸念、懸案などと使われるが、もともと引っかかっていたのは首なのだ。また懸賞も、引っかかり、当たるものだ。また一生懸命とは、一所懸命から転じたもので、ひとつの場所にしがみついてがんばりぬくこと。日常的に使われるこんな言葉にも、死の臭いがつきまとう。

そして県は行政単位ともなる。中央政府の下に位置する、ぶら下がるものという意味から転じたのだ。ここから地方自治体にあてられる文字となった。この区分は中国から日本にも輸入され、現在に至っている。現在の日本には43の県があるが、それらすべては逆さの首を冠しているというわけだ。

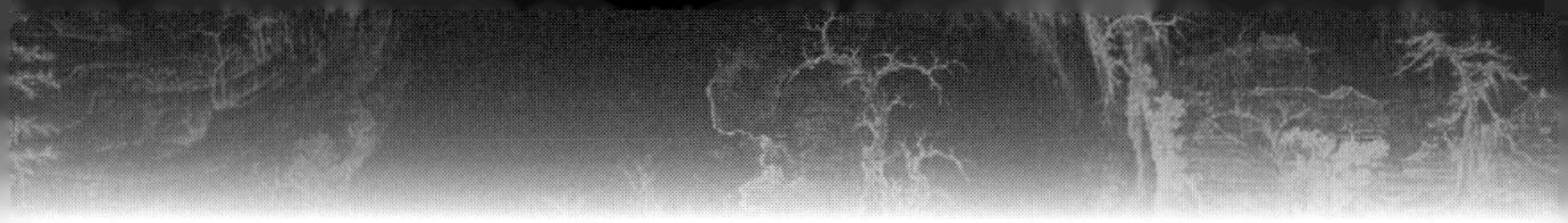

亜

【】

音 ア
訓 ―

暗い墓場の中で、呼び起こされる恐怖

1928年から発掘が開始され、歴史的な発見が相次いだ殷王朝の遺跡、殷墟《いんきょ》。漢字の原型となる文字が刻まれた動物の骨が、数多く出土したことで知られる。この遺構は殷の首都であったと考えられており、王宮や住居、工房なども発掘されたが、王墓もまた見つかった。その内部、石棺《せっかん》が安置された玄室《げんしつ》は、不思議な空間だった。部屋の四隅がくぼんでいたのである。上から見ると、ちょうど十字のような形なのだ。この構造を模したとされる字が「亞」だ。

この「亞」では、死者を弔う儀式が行われた。それは陰惨なものだっただろう。暗く湿った石の空間なのだ。そこに、故人の死体を前に祈りの声が低く響く。その場で生贄を殺し、死出の旅の道連れとすることもあったかもしれない。重苦しい空気が流れる。死臭と血の臭いが立ち込める。参列した人々は、故人の魂が悪霊となって自らに取り憑かないかと畏れた。

「亞」にこもり、死のタブーを間近にし、「心」が忌まわしい思いにとらわれ、苦しくなってしまう状態……これを「惡」と書いた。この字はやがて「悪」へと変化していく。

「悪」とはもともと、玄室で行われる葬儀の際、人の心に生じるネガティブな気持ちのことだったのだ。ここから、正しくないこと、法や道徳に反することなどへと意味が転化していった。「悪」は私たちの心の奥底にある、死に対する恐怖を表しているのだ。

しかし「亞」、後に「亜」となったこの文字だけだと、また違った解釈がある。「亜」で行われる葬儀は確かに呪わしい一面もあるが、先祖を送り、祀る大事な儀式だ。そして新しい世代、次の世代の台頭でもある。だから「亜」は現代では、次ぐもの、準じるもの、二番目といった意味で使われる。亜熱帯、亜流、亜種……用法は幅広い。

死葬儀礼の暗鬱さを表現している一方で、次世代の活躍を願う字でもあるのだ。

官

音 カン
訓 ―

神に祈りながら戦い続けた古代の軍隊

古代中国の軍隊が進撃するにあたり、必ず必要としたものがある。干し肉だ。だがこれらは、兵士たちが食べる戦闘糧食ではなかった。神に供えるために持ち運ばれていたのだ。

軍とは展開する先々で陣地を固め拠点を築いていくものだ。古代中国ではその野営地の中に、祭壇もつくられたという。ここに干し肉を捧げ、戦勝を祈願して神を祀ったのだ。戦闘を繰り返しつつ移動しながらも、神への祈りを欠かさなかったのである。

この干し肉の形が「𠂤《たい》」だ。重なったふたつの肉の塊を表している。兵士たちは、いつも「𠂤」を携えていたので、いつしか「𠂤」は軍隊や軍人の代名詞のようになっていく。

屋根や建物の下で陣取り、部下に指示を出している「𠂤」は、すなわち「官」だ。役所や役人のことを指す「官」も、はじめは軍隊の司令官のことだったのだ。やがて「官」は公務員全般に使われるようになっていく。

　そして司令官が本拠を置く場所が「館」だ。ここは戦闘する場所ではなく、軍議を開き、身体を休め、そして食事をする場所でもあった。だから食へんがついているのだ。

　さらに「𠂤」からは、さまざまな文字が生み出されていく。古代では軍が社会にとっていかに大きな存在だったたか窺える。

「師」とは古参の兵士のことだ。長い刀である「帀《そう》」を手にしている。彼は「帀」で干し肉をさばき、若い兵たちを率いて、神に祈る儀式を主導した。だから「師」は指導者という意味にも広がっていき、現代日本に伝わっている。

　日々の儀式によって神の加護が得られたのか、軍は快進撃を続け、敵を敗走させていく。なおも責め立てているところが「追」だ。道や、走ること、進むことを意味する「辶《しんにょう》」と「𠂤」で、追撃戦を表した。

これらの漢字もすべては、干し肉の祭祀に源流がある。

劇

【】

音 ゲキ
訓 ―

戦争の前に行われた「虎殺し」の願掛け

古代中国で人間の脅威となっていた猛獣といえば、虎だ。いまでこそアジア各地で虎の数は減少し、保護動物に指定されているが、太古の中国ではまだまだ身近な存在だった。虎は人の生活圏のそばにも息を潜め、ときに襲われたりもした。家畜を食い荒らされるなどの被害も絶えない。

だが、その獰猛ながらも美しい野生は、人の憧れでもあったのだ。巨大にしてしなやかな身体つきと、恐ろしい顔。地の果てまで届きそうな咆哮《ほうこう》。圧倒的な力強さ。

そんな虎に、人は神を見た。信仰の対象ともなり、また武勲や出世のイメージとも重ねられた。虎を退治することで名を上げる物語も無数につくられている。

「虎」の漢字は、このネコ科の猛獣を横から見た図が簡略化されたものだ。上部が頭で、下部が尾や足となる。この漢字が入った「豦《きょ》」とは、虎に扮した人のことだ。なにか被り物でもしているのか、虎の真似をして、おどけたり、吠え立てたりしている。

それをばっさりと断ち切るのが「刂《りっとう》」、つまり刀を持った人だ。凶暴な虎を制圧し、見事に成敗して、一件落着。芝居なのである。

古代中国では、こうした演技が戦争の前によく行われたという。強大な戦闘力を誇る虎を倒す芝居を開いて、戦勝を祈願したのだ。この儀式を「劇」と呼んだ。ここにすべての演劇やドラマの原点があるのかもしれない。

虎と戦う劇はときに熱気を帯び、本当に殺し合いをしているかのような凄まじいものとなった。そこから「劇」は、劇的、ドラマティック、劇薬など、激しさを表す言葉にも使われていく。

まさに神獣ともいえる虎だが、現在の中国では野生のものは絶滅寸前。東北部にシベリアトラが20頭ほど残っているばかりなのだという（※ＷＷＦ〈世界自然保護基金〉による）。

和

音 ワ
訓 やわ―らぐ、やわ―らげる、なご―む、なご―やか

平和とは一時的な休戦状態に過ぎない

「和を以て貴《とうと》しとなす」

日本人ならしっかりと理解しておくべき心構えだといわれる。この言葉を唱えたのは、かの聖徳太子だ。推古天皇12年（６０４年）に発布した十七条憲法の、冒頭に出てくる一節だ。

「和」とは、「なにごとも争わず、仲良くすること」「しっかりと話し合い、わかりあうこと」という意味で使われる。対立することなく、やわらぎ、なごみ、相手を尊重する。いかなるときもそんな気持ちを大事にしようと、聖徳太子は説いたのだ。

しばしば日本人の魂そのもののように使われる、「和」の一文字。和風、和食、和歌など、「和」がつけばそれは日本のものという意味を持つ。「和」こそが日本人の精神なのだ。

しかし、「和」は本当に調和や平和の象徴なのだろうか。その漢字の成り立ちはずいぶんとキナ臭く、戦争にルーツがある。

分解すれば「禾《か》」と「口」だ。

「禾」は稲穂を指す文字だが、この場合は異なる。軍隊の陣地の前に立っている、標識の木のことだ。いわば看板や表札のようなものだろう。「口」はたびたび本書で出てきている通り、文書を入れる容器のこと。神に捧げる祝詞のほか、軍同士の誓約なども収められ、契約として使われていたようだ。

つまり、軍営の前で互いに書簡を交わして、講和を結んでいるところなのだ。争いはやめて、これからは協調しようではないか……そんなことを話し合って、手を結び合ったかもしれない。これぞまさに和、戦うことではなく話し合いこそが大切なのだ。

しかし、ひとつ見落としていることがある。

これは敵軍同士が一時的に休戦しているに過ぎないのだ。ささいなきっかけひとつで「和」は崩壊し、また戦乱の世となる。平和であるはずの日本も、たびたび戦争を繰り返してきたのだ。

第3章

呪術・儀式から生まれた漢字

道

音 ドウ、トウ
訓 みち

どうして「首」という字が入っているのか

人や車などが行き交うための通路である、道。その上を黙々と歩き、遠い旅路を行く様子から、なにかを探求し、技術を極めることにも例えられてきた。剣道や柔道などの武道や、茶道、書道などが代表的だろう。また、人が生きる上で大切にするべき規範、という意味でも使われる。道徳だ。

崇高で気高いイメージのある「道」だが、その字の中に「首」が入っているのはなぜだろう。

遠い古代。異国の地に足を踏み入れることは、たいへんな冒険であった。言葉も法もなにもかも違う民族がいるのだ。なにより恐れられたのは、悪霊や怪異の類である。きっと霊もまた、我が国のものと同じではなかろう。こちらの浄化の術は効くまい。で、あるなら……異国の者を殺し、その首をはね、魔よけにしよう。異国の霊には異国の者の首。破邪《はじゃ》の効果てきめんに違いない。

こうして異族の生首を、まるで盾のように掲げて、異国を旅したのである。この「首」に、歩く、行くという意味を持つ「辶《しんにょう》」が加わって、「道」ができた。

未知の異国を旅するとき、現代ではスマートフォンやガイドブックが道しるべになる。しかし古代では生首だった。はるかな旅路の象徴、そして守るべきモラルも表す「道」だが、その成り立ちは血生臭く、残忍なものだったのだ。

伐

音 バツ
訓 ―

神に捧げられた生贄たちの、怨念がこもる

漢字を生んだ古代中国、殷の時代。

それは呪術が支配する世界でもあった。神の声を伝えることができるとされるシャーマンが政治の実権を握り、日々の生活や季節ごとの農作業、近隣の部族との戦争まで、すべては占いによって決められたのだ。人がようやく文明を獲得しつつあった時代だ。当時の人々にとって、神という存在は、私たちには想像もできないほど巨大だったのだろう。

だから日照りが続き作物が枯れ果ててしまったとき。あるいは雨が止まず疫病が蔓延したとき。人々は思うのだ。神が怒っているのだ。神の怒りを鎮めないと、この災厄は去らない……。

事態を見たシャーマンは、荒れ狂う神に供え物を捧げた。収穫物や家畜、そして、人間だ。人を生贄とし、残酷な方法で殺害して、神への貢物としたのだ。一度に数百人が生贄にされることも珍しくはなかったという。

彼ら生贄には、戦争で捕獲した捕虜があてられることが多かったようだ。儀式に際して、捕虜を殺す役目を仰せつかった兵士は、その手に当時最強の兵器「戈《か》」（→P50）を持っていた。そして捕虜に刃を振り上げ、首を切断するのだ。「伐」とは、そんな場面を活写した漢字だ。古代の血生臭い祭祀の様子なのである。

やがて敵軍を「討伐」するといった、軍事的な意味合いでも使われるようになっていく。「殺伐」とは、平然と人を殺すことができるような荒んだ心の有りようのことだ。そして古代では、敵兵を殺せば殺しただけ出世することもあり、成功者は「軍閥」や「門閥」に入った。「閥」とは人を殺害することで得られる社会的な地位のことなのだ。

また、木々や草を刈り取り整地することを「伐採」というが、やはり捕虜を次々と殺していくところからきている。生贄たちはまるで草木を刈るかのように、無造作に殺されていったのである。

燎

音 リョウ
訓 かがりび、や――く

組まれた薪、飛び散る火の粉、焼かれているものは…

昨今は男の子の名前にも使われることが多くなっている漢字だという。「かがり火のように周囲を明るく照らす」という意味が込められている。そこから「かがり」と読ませて、女の子に名づけることもあるそうだ。

しかし、そのかがり火は果たして本当に、希望の炎のような存在なのだろうか。

右側の「尞」とは、薪をやぐらのように組んで、下に火をくべている様子だ。小さな点は飛び散る火の粉の表現だという。その炎で燃やしているのは、人間なのである。神に捧げるための生贄を火あぶりにし、生きたまま焼き殺す凄惨な儀式の姿なのだ。火勢を強調するかのように火へんが添えられ、いまに至っている。

生贄を伴う祭祀がひんぱんに行われたのは殷王朝の頃だ。たくさんの文字が生まれた発明と文化の時代でもあったのだが、その下地となったのは膨大な生贄を神に捧げる儀式だった。もがき苦しむ奴隷や生贄の様子を活写して、いくつもの文字がつくられていった。

　いまの日本でも使われている「燎原《りょうげん》の火《ひ》」という言葉がある。火が激しく燃え広がり、手がつけられない様子の例えだ。暴動や騒乱が止めるすべもなく拡大していく場面などで使われるだろうか。その凄まじいまでの大炎上には、生贄たちの怨念がこもっているのだ。少なくとも、世を明るく照らす火ではなさそうだ。

義

【】

音 ギ
訓 ――

正しく完全な生贄であることを、神に証明した

ものごとが正しいこと。道理にかなっていること。人として守るべき道。「義」とはそんな言葉で表現される。社会の中で生きていくにあたって、誰もが大切にする倫理観、道徳のようなものだろうか。

人はときとして、個人の利益よりも、正義や恩義や信義のために戦う。人はひとりでは生きられないのだから、互いに「義」を重んじて、助け合い、支え合って生きていく。だから、私欲を優先させて仲間を大事にしない者は、不義であるといわれた。

しかしその「義」には、どうして「羊」の字が入っているのだろうか。これは生贄に使われた羊のことだ。豊作を祈るためや、戦勝祈願などのときに、よく神に捧げられていたのだ。

その羊の下に、「我」が座る。いまでこそ、自分のことや、私自身という意味だが、古代では違った。ノコギリの形を図形化し、文

字としたものなのである。

このノコギリで、羊を切断し、バラバラにしてみせたのだ。そして神の前で、血まみれの内臓までをもさらけ出したという。その毛並みも肉づきも、はらわたも、すべては完全なる捧げものであるという証明のためだった。神に対して、義を見せたのだ。そこから、正しさや、良いことを表すようになっていく。

この羊の生贄「義」を供えて、神職が祭礼を行う。それが「儀」だ。儀式や儀礼も、もとは一頭の羊からはじまったものなのである。

さらに「議」は、世の道徳や、なにが正しいことであるのかを話し合うことだ。あるいは、神に諮り、自らの生き方に間違いがないかを尋ね、答えを求めた。

羊のほかに、生贄として捧げられることの多かった動物がいる。牛だ。この牛が偏として左側に加わると「犠」となる。犠牲を表す漢字であり、一文字で生贄の意味も持つ。

新

音 シン
訓 あたら―しい、あら―た、にい

刑罰に使われる針は、神聖な儀式にも使われた

「辛」が刺青刑に使われる針だということを、私たちはP46で知った。その針はまた、神事でも大切な役割を持っていたのだ。さまざまな儀式に使う木材を、「辛」の針によって選んだという。

例えば神を降ろす神事の夜、舞台を照らすためには焚き木が必要だろう。それは選ばれたものでなくてはならない。だから、まず森に出向いて、これぞと思う数本の木に針を突き立てて、一度帰ってくる。そして次に森に行ったとき、まだ針が抜け落ちることなく刺さっている木……これこそ神が好んだもの。「亲《しん》」と呼ばれた。「辛」と「木」が重なり、略された字だ。

「亲」を伐採するために、人は斧をふるった。斧は古い字形を「斤《きん》」と書く。重量の単位でもあるが、武器や道具としても知られる。

こうして「亲」が定め、「斤」によって切り出された木のことを

「新」といった。まだ使っていない神聖なる木のことから、「新しい」という意味全般に使われるようになったのだ。

また「亲」は神事だけでなく、葬儀にも使われた。「亲」によって位牌をつくるのだ。その位牌に寄り集まってくる人々がいる。誰もが故人を偲び、位牌をしみじみと見つめたことだろう。そう、故人の親族だ。「亲」を「見」る人の集まりだから「親」なのだ。肉親、親族とは、葬儀を執り行う一団、血を分けた間柄の人々。「親」だけで両親のことも指すようになるのは後世の話で、もとは血族すべてが「親」だったのだ。

押

【】

音 オウ
訓 お—す、お—さえる

人々が押さえつけていたものとはなにか

およそ３０００年以上もの昔。どう生きるべきか、どう行動すべきか迷ったとき、人は神の意思を聞いた。占いである。古代中国では亀の甲羅がよく使われたようだ。甲羅に切り込みを入れて、そこに熱した青銅の棒や、木の枝、根などを差し込むと、やがてヒビが入る。このヒビの方向や形で、吉兆を占い、戦争や農作業についての判断材料としたのだ。

ヒビ割れた甲羅には、占いを受けて王がどんな指示を下したか、民がどう動いたかといったことも記録された。甲羅に刻まれたのは、絵文字のような原始的なものだったが、これがやがて漢字の原型となっていく。甲骨《こうこつ》文字だ。漢字とは、占いと、その結果をもとにした政治から生まれたものなのである。

つまり占いをするたびに亀の甲羅が必要になるわけだ。たくさんの文字を刻み込めるだけのサイズなのだから、大きな亀だ。つかまえようとしても暴れ、ひとりではどうにもならない。そこで、何人もが協力して亀を捕獲した。その作業の描写が「押」だ。人々の「手」で、「甲」羅に力を加えて、動けなくする。これが「押」の字源なのである。

身動きのできなくなった亀は、それから無残にも刃物で切り刻まれ、甲羅を引きはがされるのだ。漢字の源流はまた、大量の亀の血にもまみれているのである。

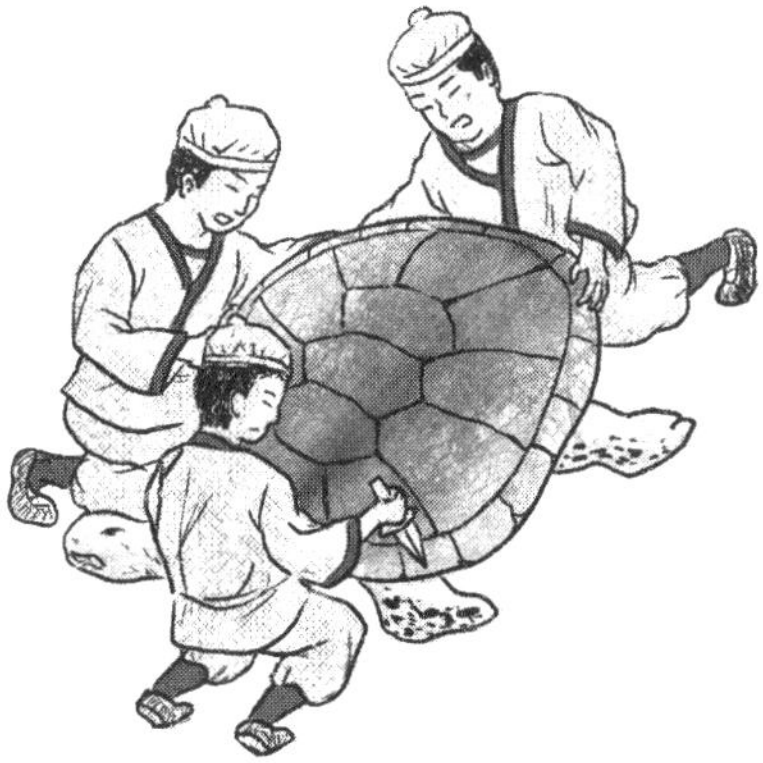

書

音 ショ
訓 か—く

災厄から守ってくれる呪文を収めて、埋めたもの

かつて文字とは、神聖なものだった。

祭祀を司る神職をはじめとした、身分の高いわずかな人間だけが扱うことができたのだ。文字を書けるということは、それだけで非常に特別なスキルであり、高位の証だったのだ。

彼らが紡ぎだす文字は、言葉は、ときに神のお告げであり、守護の呪文であり、敵を攻撃する武器ともなった。言葉そのものに具体的な力が宿っていると信じたのだ。これは現代の日本にも伝わる「言霊《ことだま》」と同じ考えかもしれない。

彼ら言葉を操る能力者たちが常に持っていたもの。それが「聿《いつ》」だ。筆のことである。筆を持った手を図形化した文字といわれている。

その「聿」で悪霊祓いの呪符を書き、これを「口」に入れて封印をする。「口」とは話したり食べたりする動物の器官のことではなく、

「サイ」と読み、呪符を収める器のことを指した。封印後のサイは「曰《えつ》」へと変化する。

そして「曰」の上から土をかぶせ、木々を散らして、そうとわからせないように地中に埋める……これら一連の儀式を表現した漢字こそが「書」なのだ。

「書」は、土地のさまざまな場所に施された。位の高い人間の家の庭先であるとか、集落の出入り口などに埋められた。災厄を打ち破り、守ってくれる力があるとされたのだ。

「聿」によって、人々の生活や行動を規定する「律」も書かれるようになる。法律や戒律といったある種の強制力は、いまも私たちの社会を守るものでもある。

誰でも言葉を書き、発信できるようになった現代でも、「書」は特別な効力を持っている。人を感動させ、幸せな気持ちにさせ、ときに恐れさせる。言葉の魔力はいまも変わっていないのだ。

言

音 ゲン、ゴン
訓 い―う、こと

自らの言葉に、もし嘘偽りがあったならば…

神に捧げる祈り。それこそが、「言葉」のはじまりだったのではないだろうか。今年も収穫に恵まれるように、飢饉や病が起きないように、平和であるように……たぶん、必死に祈ったと思うのだ。なにもかもが不安定で不確実な時代である。身を守ってくれる科学もなにもない。人はただ、一日一日をせいいっぱい生き、そして祈るほかなかった。

だから祈りには、具体的な力が宿ると信じられるようにもなったのだ。古代中国では、例えば祈りによって雨が降り、日照りから逃れられると考えた。ときには人を呪い、視線に込められた魔力で敵の前進を阻止しようともした（→Ｐ１２４）。

こうして神に祈る言葉は、祝詞として書きしたためられ、成就するまで保管された。封印されるのは「口《さい》」と呼ばれる器だ。そして祝詞の内容には、いっさいの嘘は許されなかったという。もしわずかでも偽りがあれば……そのときは刺青の刑罰を受けてもいいと誓うのだ。

刺青に使われるのは、本書でたびたび登場してきた「辛」である。取っ手のついた針のことだ。この「辛」と「口」が縦に重なって、さらに簡素になった文字が「言」だ。言葉とは厳しい刑罰を賭けてもいいほどに、重いものだったのである。だが、それはいまの世も同じかもしれない。軽々しい発言や、ささいな言葉が、人を傷つけ、ときに自らの立場を危うくする。太古のように、「言」には慎重であるべきだろう。

眼

【】

音 ガン、ゲン
訓 まなこ

人の動きを封じる呪いの目線

現代でも「目力」という言葉がある。人を圧し、また魅了するような強い目を持つ人と、私たちもときどき出会う。たいていエネルギーと自信にあふれた人で、仕事ができたり友達がたくさんいたりするのではないだろうか。

古代では、はるかに強烈な「目力」を持つ人々がいたといわれる。呪術全盛の時代、人の目線には具体的なパワーが宿り、相手を制圧し、動きを封じることができると考えられたのだ。殷では、戦場でも「呪術部隊」が暗躍したと伝えられる（→P１２４）。その力の源である目には刺青を施し、呪力を高めたという。

彼らに睨みつけられると、人は前進することができずに、止まってしまう。その姿が「艮《ごん》」だ。これに目へんをつけて強調すると、「眼」になる。呪術師たちの「眼」のことなのだ。

古代では、見えない力によって、さまざまな場面で人は「艮」となった。神の降りる聖地という意味も持つ「阝《こざとへん》」がつくと、一般人の立ち入れない禁足地「限」となった。神の前で身動きが取れなくなってしまうのだ。

心を表す「忄《りっしんべん》」が加わると、動けずに立ち止まり続けてしまうのは、人の気持ちだ。「恨」である。誰かのことを思うあまりに、心が釘付けにされてしまうのだ。そして自分の愛情や胸のうちが届かないと知ったとたんに、思いは恨みへと反転する。憎しみは古代の呪いのごとく、人を不幸へと陥れるのだ。

なお「艮」と木へんが組み合わさると「根」だ。大地をしっかりとその根でつかみ、どっしりと動かない様子のこととなる。

さまざまな言葉に使われ、派生していく「艮」。それだけ、「眼」とは、人を封じる魔を秘めているのだ。だから、本気で人を説得するとき、思いを告げるとき、その眼に力を込めるといい。きっと相手を捉えることができるだろう。

望

【】

音 ボウ、モウ
訓 のぞ―む

古代の戦場で繰り広げられた呪いの攻防戦

古代文字では、大きな目を表す「臣」を上に、背伸びして立つ人を表す「壬」を下にして組み合わせたものだったといわれる。そこに、遠い場所の比喩である「月」が合わさった。

臣はやがて簡略化されて「亡」となり、3つの文字は「望」を形成するようになる。「つま先立ちをするかのように背伸びをして、遠くを見つめる人」を指した。そこから、将来や人生の先々を見つめて、なにかを願い、思うという意味が大きくなっていった。希望に満ちた漢字だ。

しかし、この文字が生まれた古代中国では、果たしてなにを見ていたのだろうか。なにを望んでいたのだろう。

それは決して明るい未来ではなかった。はるか遠方から敵軍を見張り、呪いをかける一団がいたのだ。

漢字を生んだ古代中国・殷王朝は神と呪術の時代。神に生贄を捧げ、人を呪うだけではない。呪術師たちが戦場にも駆り出されていたのである。離れた場所から敵の部隊に呪いをかけたのだ。

この遠隔攻撃を「望」と呼んだ。担うのは特別に選ばれた巫女たちだ。敵味方ともに巫女たちを擁し、呪いによる攻防が行われたのだという。そのため戦いに敗れると、危険な存在である巫女が真っ先に殺された。彼女たちは自らの人生を望み見ることなく、戦場に散っていったのだ。

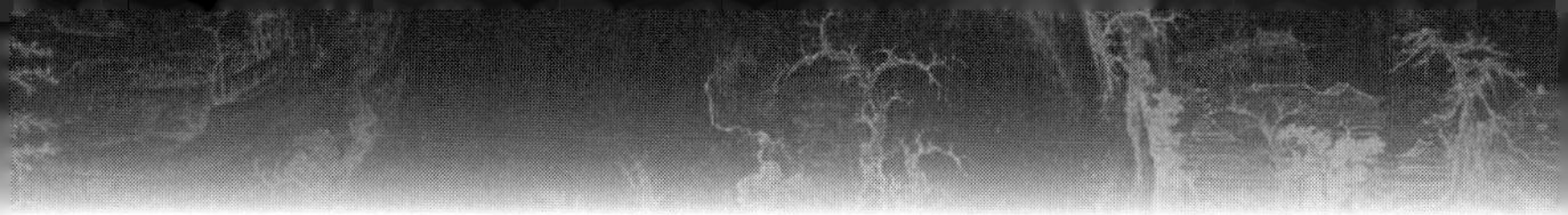

夢

【】

音 ム
訓 ゆめ

誰かの呪いや怨念が見せる幻覚

人はどうして、夢を見るのだろう。

睡眠時、私たちの無意識下で像を結ぶ、幻のような現実のような、あの現象。深層心理にある願望や不安、過去の体験などさまざまなものが入り混じり、ふしぎな映像や感覚をもたらす。

夢が発生するメカニズムについては、現代科学でもよくわかっていない。なぜ夢を見るのか、その内容は本当のところなにを意味しているのか、いまだ研究は続いている。人の心や脳は未知数なのだ。

古代の人々にとっては、夢はさらに謎めいた現象だった。神のお告げと解釈されることが多かったようだ。あるいは死者からのメッセージだと受け取ったり、悪霊の呪いであると脅えたりもした。そして古代中国では、外部からの攻撃だと捉えることもあった。

敵軍に呪いをかける専門部隊（→Ｐ１２４）がいたほどの時代で

ある。夢とは睡眠中に遠方から呪われている証だと考えたのだ。そして幻覚の中をさまよい、漂うことを強制される……。

呪いの夢の使い手は、巫女だ。呪力を高めるために眉を太く書き、儀式に臨む巫女の姿を「莧」と表現した。これが彼女たちが活動する「夕」（夜）とひとつになって「夢」という文字になったのだ。

夢とは自分の力ではコントロールできない、ときに恐ろしいものである。それはいまの社会でも同様だ。もしかしたら眠っている間に、誰かがあなたに怨念を放っているのかもしれない。

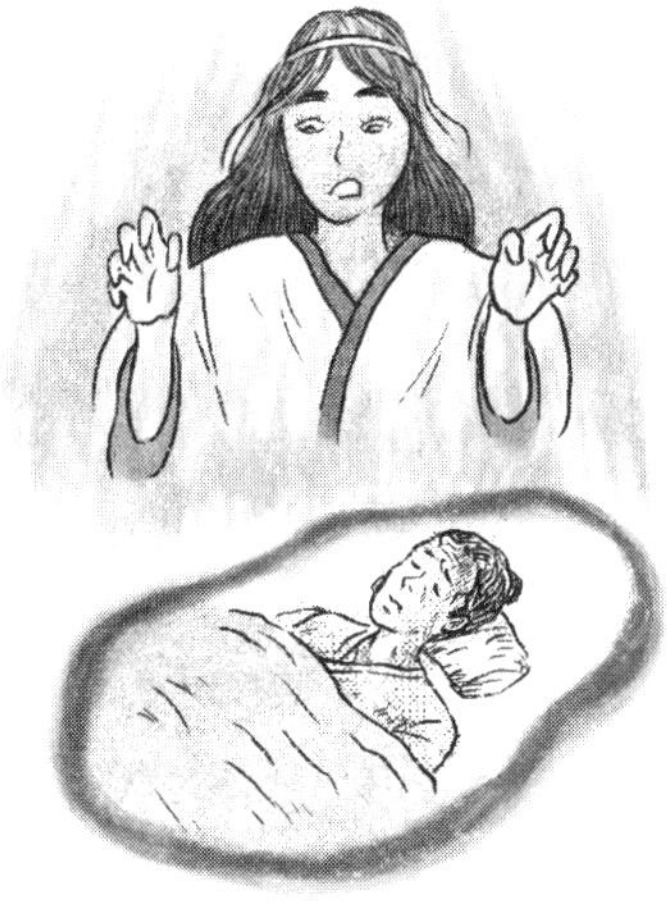

禁

【禁】

音 キン
訓 ――

神との交合は、誰も見てはならない

人の営みひとつ感じられない、山の奥深く。昼でもなお暗いほど木々が鬱蒼《うっそう》と茂り、動物たちの鳴き声が低く聞こえ、草の香りが立ち込める。恐怖すら覚える大自然の懐。

そこは、神と接する場所だった。

人里から遠く離れ、人智の及ばぬ山中で、神職たちは祭壇をつくりあげたのだ。そして神を呼び、神と対話し、神の意思を訊ねる儀式を行った。占いをして、農作はどう行えばいいのか、戦争をすべきか、あらゆることを神に聞き、すがった。

とてつもなく神聖な場所なのである。一般の村人が立ち入っていいところではない。訪問は固く戒められた。限られた神職だけが、限られた日だけにその地を訪れ、神を見る。

その邂逅の地は、村を見晴らす山の一角であるとか、巨木が茂る林であるとか、おもにそういう場所が選ばれた。そんな「林」の奥に、ひっそりと建つ「示」。祭壇だ。ここに供え物を載せ、ときには血の滴る生贄を捧げたことだろう。そして神下ろしを行った……秘中の秘とされた儀式の様子こそが「禁」なのだ。

そして聖地は、足を踏み入れてはならない「禁足地」とされる。神と呪術のベールに覆われ、神秘性を増し、畏怖の対象ともなっていく。ここから、「禁」はなにかを制限したり、止めさせる、とどめるという意味を持つようになる。本来は非常に重く、厳しい「禁止」なのである。

現代の日本にも、実はたくさんの禁足地がある。代表的なものが奈良県の三輪山《みわやま》だろう。山そのものが麓にある大神《おおみわ》神社のご神体という聖山だ。はるか古代から明治時代まで神職以外はいっさい立ち入れない禁足地だった。現在では許可を得れば入山できるが、飲食・撮影の禁止など厳しいルールがある。それだけに神とつながる儀式が行われていた太古の自然がそのまま残り、荘厳な雰囲気だ。

若

音 ジャク、ニャク
訓 わか―い、も―しくは

異様なトランス状態となった巫女の姿

中国に限らず、日本でもあるいはほかの世界でも、古代社会では巫女が神聖視され、重要な役割を担った。科学も文明も未発達な時代である。人々の生きる指針は乏しかった。だから呪術を信じ、神にすがったのだ。

神事を通して神の意思を伝える巫女は、きわめて特別な存在だった。その言葉通りに、例えば農作業の方針が定められ、他国との戦争が決められた。巫女はまた政治家でもあったのだ。

神事にあたって巫女は、その身に神を降ろすため、トランス状態になる。酒や踊りや、あるいはドラッグを用いて陶酔し、髪を振り乱し、ときに声を上げ、両手を天高く上げ、神の降臨を待つのだ。その姿は異様な迫力に満ち、狂気すら感じたかもしれない。人ならぬモノにならなければ神は見えないのだ。

この儀式を図形化させたものが「若」の古代文字である。このとき、まだ「口」はなかった。長髪の巫女が両手を広げて神を迎え入れるような形だった。

やがて現代の漢字になる過程で、両手を掲げたイメージは草かんむりを借用し、また乱れる長髪は左側にはらう一画となった。そして神への祝詞を入れる器「口《さい》」が加わって「若」が完成する。

巫女となるのはたいてい年少の女性だったことから、「若い」という意味の漢字として定着していく。

うら若き巫女は、ときに聖地や隠された部屋などに籠もり、ひそかに神事を行うこともあった。「若」が、ものを隠す「匸《けい》」に入るのだから「匿」となる。匿名、秘匿などに使われる。

また神に願いが聞き届けられ、押し戴く言葉のことを「諾」といった。承諾、許諾のように、受け入れられるという意味だ。

若さとは熱狂と陶酔の極地の姿だったのだ。それは古代も現代も、そう変わりはないのかもしれない。

嘆

【】

音 タン
訓 なげ—く、なげ—かわしい

焼死する巫女が叫び、雨を求める

連日の厳しい日照り。雨は一向に降らず、作物は枯れ、人々は飢えと渇きに苦しんでいた。このままでは村は全滅だ。絶望的な状況の中で、立ち上がったのは巫女だった。究極の神事を行うためだ。彼女は、神に雨を乞う祈りの言葉を唱えながら、自らに火をつけ、炎に巻かれていく。自分自身を生贄として、雨を求めたのだ。

その凄まじい姿を図形化し文字にしたものが「𦰩《かん》」である。勤（→P192）や漢（→P156）にも含まれているが、実はさまざまな漢字に使われている。「嘆」もそのひとつ。炎に焼かれる巫女と、祝詞を入れる「口《さい》」からなる。

神にすがり、どうか雨を降らせてほしいと、祝詞を唱えながら天に嘆く。やがて力尽き、祝詞の声は薄れ、命を落とす。それが「嘆」だ。悲嘆にくれたり、嘆願するのもすべて、雨乞いの儀式からきているのだ。

そして「堇《きん》」もまた「𦰩」と同じ意味を持つ文字である。だから飢饉の「饉」にも使われる。「食」がつくことで凶作を象徴する。

日照りの中で倒れ、飢えて死んでいった人々を悼《いた》み埋葬することが「謹」だ。餓死者の冥福を祈り、悪霊とならないように処置したのだ。「謹んで死者の魂を祈る」様子なのだ。現在では「謹賀新年」などと祝いの意味で使われるが、まったく真逆の地獄から生まれた文字なのである。

こうして「焼死してい く巫女」という呪わしい光景から、いくつもの漢字が派生していったのである。

臣

音 シン、ジン
訓 おみ

見開いた大きな目。しかしそこに光はない

かつて、神との交信こそが政治のすべてだった。巫女が伝える神の言葉をもとに、国の方針が決められていったのだ。神事はすなわち国家の中枢と言ってもいい。当然、優れた人々が参加し、儀式を執り行っていたわけだが、その中に盲目の一団がいた。

彼らは居並ぶ重鎮たちの間でもとりわけ精鋭揃いであり、視力がないとはとても思えない働きぶりを見せたという。その異能の集団は「臣」と呼ばれた。いまの日本でも「大臣」「家臣」などと使われている。主君に仕えて人民を統治していく者たちのことだ。

その文字は大きく見開いた目の形がモデルとなっている。中央の部分が瞳というわけだ。その目をどうして傷つけ、盲目になったのか。

もともとは奴隷として視力を奪われた人々が、政治に参加するようになったという説もある。あるいは自らの意思で光を失ったのかもしれない。神に近づき働くうちに、神の御姿を目撃してしまったらどうすればいいのか。それはあまりに畏《おそ》れ多きことだ。その前にいっそ、この瞳を潰して神に仕えよう……。神というものが近くにいた時代、そう考えた「臣」がいても不思議ではない。

その「臣」の中でも、さらに選りすぐりのエリートたちがいた。彼らこそが「賢」である。

「賢」の上部では「臣」の失われた視力を強調するために、「又」と組み合わせて、盲目を表現した。「又」は手のことで、なにかを取る、奪うという意味だ。さらに下部に「貝」が加わる。これは食べ物の貝ではなく、「宝貝《たからがい》」とも呼ばれ貨幣として使われた子安貝《こやすがい》のことだ。転じて、貴重なもの、傑出した存在を指すようにもなる。

こうして形成された「賢」は、図抜けて頭脳明晰であること、知に富み優れた人を表す文字となった。視力を失いながら、神に、政治に真摯に向き合った賢者たちのことなのだ。翻って現代の政治家は、いったいどうであろうか。

命

音 メイ、ミョウ
訓 いのち

生命の前に、まず神の言葉があった

あらゆる生き物の、私たちが生きる源である、命。すべての生命にとってもっとも大切なものだ。だからきっと、心臓の形であるとか、心の有り様とか、そういったものから漢字も成り立ったのではないかと想像する。

違うのだ。

命は、ある漢字がもとになってできた、派生語にすぎない。「令(→P72)」である。言うまでもなく、命令、指令の「令」だ。まず、この漢字が先にあったのだ。

「令」とは権力者の前にひざまずいている人々の姿を描いた文字だが、「命」はここに「口」が入った形になる。「口」は動物の器官ではなく、本書でたびたび触れている通り「口《さい》」だ。神への祈りの言葉である祝詞など、神聖な書類を収める器のことである。

つまり「命」とは、神の前にひれ伏し、その言葉をありがたく押し戴いている人間たちのこと。神から与えられた啓示を受け取り、平身低頭する姿を表している。「令」よりも、さらに絶対的で強い指示、決定を表す言葉だということが伝わってくる。命令という言葉を構成するふたつの漢字はどちらも、もともと同じような意味を持っているのである。

その命令も、そして私たちのこの魂も、神から授かったものだと古代人は考えた。人の生き死には自分ではどうにもならないものだ。病や事故であっけなく命を落とす人もいる。九死に一生を得ることもある。いつ人生が終わるか、命がどこまで続くのか、誰にもわかるものではない。神だけが知っている。命も命令も、同じように神からいただくものなのだ……。

こうして「命」という文字が、生命も表すようになったのだ。限りある命に対するありがたみよりもむしろ、神への畏れに満ちた字だといえるだろう。

神

【】

音 シン、ジン
訓 かみ、かん、こう

地上を打つ稲妻とともに、神は現れる

古代の人々が最も恐れた自然現象は、なんだったろう。地震や山火事だろうか。あるいは洪水や火山の噴火だろうか。

それらももちろん、たいへんな災害だ。しかし人々がとくに恐怖し、ひれ伏したのは、雷であった。

激しい雨や強風、それに黒雲を伴う不吉さ。とてつもない大音響。天を割き、空を走る光。まさしく天変地異だった。

そして人々は、この稲光に神を見たのだ。天から突き刺すように地へと走る雷光は、確かに神の降臨をイメージさせる。雷とともに、神は地上へと現れるのだ。

その稲妻の鋭く曲がり走る様子を描写した漢字が「申」だ。もともとは中央の一本線の左右に、鋭く枝分かれする雷光が添えられていたが、かっちりとした形にまとまって「申」となった。この字で

神そのものを表したのだ。

　やがて「申」は、神に申し上げる、述べるという意味でも使われるようになっていく。そこで、「申」に示《しめす》へんが加わって、新しく「神」の字がつくられた。

「ネ」と略された示へんの原型は「示」だ。これは神事のときに供え物を載せる台のこと。やはり神に関する言葉で「申」を強調することで、神の存在や荘厳さを際立たせたのだ。

　いまも雷はなかなかに恐ろしいものである。激しい雷雨のときはもしかしたら、神の姿がどこかに見えるかもしれない。

需

音 ジュ
訓 ―

雨乞いの儀式は、やがて一大思想を生み出していく

雨が降らない。

一大事であった。米や麦や野菜を育むはずの、恵みの雨が一向に降らず、大地は乾いていく。ひび割れていく。現代社会とは違うのだ。備蓄もない。乾燥に耐える品種もなければ、成長を促す化学肥料もない。農作技術が発達していない時代、天候の不順は即、命の危機を意味した。このままでは家族が飢える。村が滅びる……。

できることはひとつしかなかった。雨を求めて祈るのだ。巫女や、巫祝《ふしゅく》が歩み出る。神と人との仲立ちをし、神の言葉を伝えるといわれた彼らは、古代ではきわめて重要な存在であったのだ。

その頭髪は、短く切りそろえられていたという。また巫女でも、髪を剃っていることがあったようだ。その立ち姿をイメージした文字が「而」だ。これはまた、あごひげを長く垂らした巫祝の顔だという説もある。

いずれにせよ、そうした「而」たちが行った「雨」乞いの儀式から、「需」という漢字が生まれたのだ。生存に絶対に必要な雨を求め、集落を代表して神に祈る。必死だったに違いない。祈りが通じなければ皆が飢え苦しむのだ。

だから、やがて「需」には「願い求める」という意味が与えられていく。「欠かせないものを欲する」と解釈され、いまの日本にも伝わっているのである。

そんな雨乞いの儀式を司ってきた祈祷集団のある家庭に、ひとりの天才が生まれる。２５００年以上も前のことだ。彼は「仁《じん》」や「礼《れい》」という考えをもとに、人が守るべき規範を説いた。孔子《こうし》である。彼は自らの考えを体系化し、巨大な信仰、理論の世界をつくっていく。これが「儒」教だ。「雨を求めて願う人＝儒」から興った教えなのである。恵みを心底欲した人の気持ちから、いまも生き続ける思想が生まれたのだ。

方

音 ホウ
訓 かた

あの方角、あの方位にあるものとは、いったいなにか

はるか古代、国の果てるところ。そこから先は国の支配力が及ばなくなる、辺境だ。そこに立てられていたものがある。国境を表す看板や標識ではない。死体だった。

殺害された人間を木に吊るしていたのである。その形が「方」だった。広げた両手を横木にくくりつけられ、両足はだらんとぶら下がり、頭部は虚空を見つめていた。

こうして死者を晒しておくことで、魔よけになると考えたのだ。異国の邪霊や、災厄が自国に入ってくることを禁じ、阻むことができる。これもやはり呪術の一種だった。

そんな「方」が国と国との境界に置かれていたのだ。死体は道しるべでもあった。だから「方」という漢字は、方角や方位なども表すようになっていった。

この「方」に「攵《ぼく》」が加わると「放」だ。「攵」は本書でたびたび登場している通り、古い字形は「攴」で、木やムチなどの武器を手に持っているところ。そう、「放」とは、吊るされた死体を殴りつけている場面なのだ。現代社会ではなかなか理解しがたいが、こうすることで死体に秘められている呪力をさらに高め、放つことができると考えた。そこから、発する、解き放つ、飛ばすといった意味が生まれた。

死体「方」は、神事を行う場所だとか、聖地にも置かれた。清めのためである。そこで、神の降りる地という意味のある「阝《こざとへん》」と合体し、「防」が生まれた。なにかを防ぐ、さえぎるという言葉だ。「方」のつく漢字はほかにもたくさんある。古代社会はいかに人の死が身近であったかが窺える。その血生臭さはしかし、人の恐怖心の表れでもあるのだ。未知のものというのは、死体を掲げて盾にするほど、怖かったのだ。そんな臆病さや慎重さから生まれた漢字でもある。

卯

【】

音 ボウ
訓 う

左右に分かたれているのは人体だった

漢字の原型となる文字は、3000年以上前の殷王朝の頃につくられた。この時代、現在まで伝わるいくつもの文化が生まれているが、十二支もそのひとつだ。1年あるいは1日を12に区切り、年月や日づけ、季節、時間を表したものだ。また方位も十二支で表現するようになる。

これら12の区分をわかりやすく、誰でも覚えやすくするために、子(ねずみ)、丑(牛)、寅(虎)……と動物を当てたと言われている。これがいまの私たちの生活にも密接に関わっているが、そんな十二支の4番目が「卯」だ。動物ではうさぎとなる。だが、十二支それぞれ、どうしてこの漢字が選ばれたのかはよくわかっていない。

また「卯」の字源についても諸説ある。扉を開け放った様子だとも、母親から生まれ出た胎児だともいわれる。そして、生贄を両断した形だという説もあるのだ。

殷王朝の祭祀に欠かせないものは、なんといっても生贄であった。豊作祈願、戦勝祈願、雨乞い、さまざまな政治的決定について、神の意志を訪ねるたびに、生贄を捧げたのだ。選ばれたのはおもに戦争捕虜だったと考えられている。彼らは無残にも鋭い刃物で一気に両断され、ふたつの肉片になってしまうのだ。その惨たらしい姿が「卯」だ。切断された人体のことなのである。こうして残忍な儀式を広く見せしめにし、人の命を捧げることで、殷王朝は支配力を強めていった。それほどまでに生贄を惨殺することが多く、血まみれの「卯」が身近であったから、十二支に選ばれたのだろうか。

なお生贄説、扉開放説、出産説ともに「ふたつに分かれる」ところは共通している。同じ人体、同じ扉、もとは同じ命。つまり「卯」の左右は等価値なのだ。これに財産を表す「貝」が加われば「貿」となり、価値の見合ったものを交換するという意味になる。

流

音 リュウ、ル
訓 なが―れる、なが―す

川に流されていくものは、なにか？

「流」の字源は、出産にあるといわれてきた。「流」の右側の上部「厺《とつ》」は、子供の姿であり、その下の三本線は羊水が染み出している様子なのだという。だから㐬は、流れる羊水とともに生まれてきた子供のことで、そこから水流を意味するようになった……。

しかし、それならば、水の意を持つさんずいは必要ないのではないか。さんずいと、羊水の流れを示す三本線が、かぶってはいないか。そんな異論もある。さらに「流」とは、出産ではなく、古代中国の一部で行われた儀式の様子だという説もある。

かつては子供が成長しにくい時代であった。はやり病や、ちょっとした怪我が原因で、赤ん坊たちはいともあっけなく死んでいった。成長することなくこの世を去っていってしまう子供たちを見て、親は嘆き悲しみ、できるだけ強い子、たくましい子を育てたいと願ったはずだ。そこで、生まれて間もない我が子に試練を課すのだ。

川に投げ入れたのである。当然、赤ん坊は流れに揉まれ、苦しみもがく。そのまま沈んでしまう子も続出する。しかし、勢いに負けず浮き続ける子もいるだろう。親はそこに強運と、生命力とを見出すのだ。この子なら育てる価値がある、と。

そうやって子供を「選別」した厳しい儀式から、「流」の文字ができたともいわれているのだ。三本線は羊水ではなく、赤ん坊の産毛、生えそろっていない頭髪を表すとされる。そんな乳児が、生まれて早々に儀式を与えられるのである。

しかし、水流に呑まれてしまった赤ん坊はどうなるのか。あまりにも残酷で、哀れではないか……そう心を痛める人々もいた。彼らは流れる川に両手を突っ込み、沈んでしまった子供を抱え上げるのだ。その様子は、「さんずい」に、爪（手を意味する）がもとになった「⺤」と、「子」を合わせて「浮」という字に示された。子を「流」して選ぶ人もいれば、救って「浮」かびあがらせる人もいるのだ。

卒

【】

音 ソツ
訓 ――

人はいったい、なにから卒業するのだろうか

人が息を引き取り、命を失ったとき。手を取り見守っていた人々は、まずなにをするだろう。

死者の衣服の襟もとをきちんと合わせ、整えることではないだろうか。その仕草はたぶん、いまも昔も変わっていないように思う。まずは死者を労わり、安らかに眠れるよう、見苦しくないように、襟もとを直すのだ。

しかし古代では、ここに重大な意味があった。死者の霊が迷い出ないように、服を合わせて帯やひもなどで結びとめておくのだ。霊は定められた葬儀によって、あの世へと送られていかなくてはならない。もしその前に身体から離れてしまえば、現世を漂い行き場をなくしてしまいかねない。だから、人が死ぬとまず封印をするかのように服をしっかりと着させた。

この行為はまた、外部から悪霊が入ることを防ぐためでもあった。無防備になった身体が悪霊に取り憑かれないように防御するのだ。

こうしてきっちりと服を着た死者の姿が「卒」だ。そこから転じて、なにかの終わり、死、ものごとが尽きることといった意味で使われるようになっていく。日本人にとっては卒業という言葉がとくに馴染み深いかもしれないが、漢字のルーツをたどっていけば、それは「この世からの卒業」にほかならないのである。

また人が亡くなったら、取り急いで、まずは服を整えたことから、「卒」には「いきなり、あわてて、唐突に」といった意味も与えられた。卒然、卒倒などという言葉が代表的だ。

さらには、死者が着る服、この世のものではない人が着る服、我々とは違う者が着る服……と連想されていったのだろうか、「卒」とは奴隷用の服だという説もある。そして奴隷のように使い捨てられる最下級の兵士のことを「兵卒」と呼ぶのは、ここに由来している。

文

音 ブン、モン
訓 ふみ

死者の胸に刻んだ守護の刺青

古代中国では、刑罰のひとつとして刺青がさかんに行われていたことは本書で述べてきた通りだ。

しかし刺青はほかにも、さまざまな目的で彫られてきた。身体を装飾する、いわばファッションとして。あるいは身分を表すものとして彫ることもあった。そしてとりわけ多かったのは、護身のためだ。刺青を身体に施すことで、災厄から逃れたり、悪霊を避けることができると考えたのである。

死者にもやはり、刺青が彫られたという。胸のあたりに大きく、×の形を描いた。魂を失った故人に悪霊が入り込まないように、との措置なのだ。また心臓の形を簡略化した模様や、ハートマークのような模様の刺青にすることもあったという。これは死者の心臓が再び動き、生き返ってほしいと願う、やはりまじないの一種だろう。

なお、これらは刺青だけでなく、墨などで簡素に書き入れるだけのこともあったようだ。

死者の胸に描かれた、破邪の呪法。その様子を描いた文字が「文」だ。両手両足を広げた人の姿で、中央の上半身、胸の部分が大きく強調してデフォルメされている。本来はここに、×印や心臓が書き込まれていた。古代文字では「文」の真ん中に刺青が入っているのだ。その刺青部分だけが省略されて、現在の「文」になったと考えられている。

なぜ省略されたのかといえば、死者に刺青を入れる風習が廃れていったからだ。胸からは刺青がなくなり、中央がまっさらになった「文」だが、その意味は後世へと伝わった。文様だけでなく、文字、文章、書物などを表す言葉へと広がっていったのだ。いまでは幅広く使われる文字のひとつとなっている。

なお刺青のことは「文身《ぶんしん》」ともいうが、これは古代の風習の名残りだ。

産

音 サン
訓 う―む、う―まれる、うぶ

人生の節目には必ず呪術の儀式がつきまとう

死者に入れた刺青のことを「文」というが（↓P150）、ほかにも古代中国では人生のさまざまな場面で身体に文様を描いた。

まず生まれたときだ。赤ん坊にはその額に×などの魔よけの印を描いたという。まだ防御力のない魂に、邪霊が取り憑かないように祈ったのだ。これは「抵抗力の弱い身体に、雑菌やウイルスが入り込まないように」と解釈することもできるだろう。神に頼み呪術を行って、赤ん坊の無事な成長を願ったのだ。

そんな親の思いが込められた漢字が「産」だ。

刺青などの文様を表す「文」、崖や岩穴のほか額も表す「厂《かん》」、そして「生」がひとつになると「産」だ。やがて簡素になって「産」へと変わった。新しい命が生まれると、まず額に魔よけの文様を描いたことが「産」の字に残されているのだ。

ちなみに現代の日本でも、この風習がある。赤ん坊の生後1か月を祝う、初宮参りのときだ。地域によっては赤ん坊の額に、×印や「大」「小」「犬」などの文字を書き入れるのだ。やはり魔よけであり、健康と成長への祈りであり、犬は安産かつ元気にたくましく育つからだともいわれる。「綾《あや》つ子《こ》」と呼ばれるこのしきたりは、奈良時代から行われているという説もある。

「産」のまじないのおかげか、立派に成長した子供が迎える儀式がある。元服、いまでいう成人式だ。このとき、男子は額に文様を描いた。これが「彦」である。

「彦」の旧字は「彥」だ。これは「厂」に描かれた「文」、その流麗さや美しさを示す「彡《さん》」からなる。これが簡略化されて「彦」になり、男性の名前にもよく使われるようになっていった。古代日本では地位の高い男性への尊称でもあった。

いまの日本でも「彦」が名前に入る男性はたくさんいるだろう。そのルーツは、額を染め上げた呪術儀式にあるのだ。

爽

音 ソウ
訓 さわ—やか

女性の遺体に彫られた呪術の刺青

両手を広げている人の身体のまわりを、清涼な風が吹き抜ける。その様子を表した漢字が「爽」だという。「人」に、広げた両手の象徴である横棒が加わり、四つの「メ」は風のイメージだといわれる。なるほど涼やかで、気持ちの良い漢字だ。まさに「爽やか」という意味にふさわしい字源だが、まったく違う説もあるのだ。

そもそも中央部分の「人」とは、もはやこの世のものではない。死者である。両手を広げて横たわっているのだろうか。

その死体に刻まれる、四つの文様。これは「文（→P150）」と同様に、刺青なのである。「メ」というよりは×印であり、悪霊が死体に入り込まないよう禁ずる処置だった。呪法の一種である。また死者の魂が身体から抜け出てしまうことを防ぐためであったともいう。こうして刺青で守って、魂を身体に閉じ込めておけば、生き返るかもしれない。そんな願いも込められていた。

　ではなぜ、×は四つなのか。身体のどこに彫られたのだろうか。

　それは乳房と、腹だ。そう、死者は女性なのである。まず左右の乳房にそれぞれ刺青が入れられた。そして腹にもふたつ。これは卵巣が子宮の左右にあるからだろう。どちらも女性しか持ちえないものであり、次世代を産み育てる大切な器官だ。だから刺青で守り、復活を祈った。

　だが、いくら刺青を施しても、願いはかなわないのだ。死者は生き返ることはない。その女性は旅立ってしまったのだ。だからこの儀式は、残された人々のためのものである。人が亡くなり、乱れ悲しむ心を整理するために、私たちは儀式を行う。そして気持ちに区切りをつける。

　その心の状態が「爽」だ。大切な人の死は忘れられないが、それでも前を向いて歩こうと、悲しみをひとつ、乗り越える。そんな強さを与えてくれたのは、女性の遺体に刻まれた刺青だったのだ。

漢

音 カン
訓 ――

焼き殺される生贄の巫女から「漢」ははじまった

紀元前２０６年に成立した前漢と、紀元後の25年からはじまった後漢。この漢王朝は中国全土を広く支配し、４００年にわたって統一し、この時代にさまざまな文化が発展した。

中国文明の基礎となったと考えられている漢王朝だが、その主流をなす民族のことを、漢民族と呼んだ。そして彼らが使っていた文字を、漢字と呼んだのだ。文字自体の起源は紀元前１３００年頃まで遡り、そこから発達し広がってきたが、漢字という呼称を与えられたのは、漢王朝がきっかけだったと考えられている。

そんな「漢」は、どんな意味を持つ漢字なのだろう。

右側を構成する「𦰩《かん》」とは、実はきわめて凄惨な文字である。これは雨乞いの儀式だ。両手を縛られた巫女が祈りの言葉を唱えながら、下から炎で炙られ、焼き殺されている姿なのである（→P

132）。神と通じる役目の巫女を生贄とするほどに、ひどい日照りだったことが窺える。どうしても雨が欲しかった。「英」とは、飢えや渇き、苦しみを表す一字なのである。

そこにさんずいが加わる「漢」は、水が枯れてしまった川のことだ。季節や天候によって流れが止まってしまう川は、周辺の住民にとってたびたび飢饉をもたらした。飲む水も、農作業に使う水も尽きてしまうのだ。

そんな川が、中国中部にもあった。長江《ちょうこう》の支流、漢江《かんこう》だ。やはりたびたび渇水に見舞われることから名づけられたとも言われる。しかし、漢江のほとりに、ひとりの英雄が生まれた。劉邦《りゅうほう》である。彼はやがて王朝を打ち立て、生まれ故郷を流れる漢江にちなんで「漢」と定めるのだ。

水が枯れ、飢えに苦しむ大地から、漢王朝がはじまった。そして漢字という言葉が生まれ、中国文明の基礎が成ったのである。「漢」という文字は、厳しい環境にこそ飛躍の種があるものだと、教えているのかもしれない。

第4章

人間の生と死から生まれた漢字

遠

音 エン、オン
訓 とお―い

人は死装束をまとって、旅立っていく

「衣」（→P64）は、身分の高い人がまとうものであり、権力継承の証だが、もうひとつの意味がある。人が亡くなったときに着せる服のことだ。死装束である。

「遠」では、その「衣」の上に、「口」がある。この場合は「くち」ではなく、人の魂を表す「○」がもとになっていると考えられている。

さらに上部には「止」（→P216）だ。「ストップ」というより、人が歩んでいく足の形だといわれる。それを死者にあてがうなら、やはり死装束のひとつである草鞋《わらじ》ということになるだろう。

この3つが組み合わさると「袁《えん》」になる。死装束に包まれた魂と、草鞋を履いてこれから歩いていこうという足……すなわちこれは、死出の旅。死者に特別な衣装を着せて見送る、古代の死喪儀礼なのだ。

日本でもかつて、仏式の葬儀のときには死装束をまとわせるものだった。経帷子《きょうかたびら》という服を着せ、三角頭巾を額につけて、足には白い足袋と草履を履かせた。残された人はそうやって、旅人をあの世へ送り出したのだ。

死者はどこへと旅するのだろう。あの世とはどこなのだろう。その遥《はる》けき道を行くことを、「辶《しんにょう》」で表現した。袁と一緒になれば「遠」が完成する。遠い遠い道を旅していく故人を思う。そんな気持ちが、この字には込められているのだ。

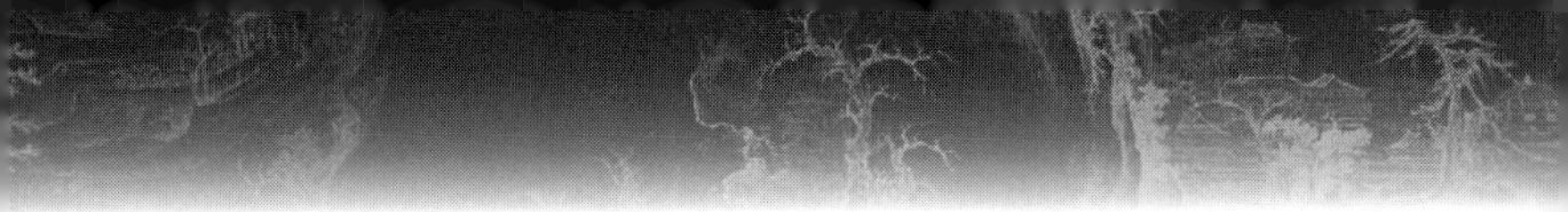

棄

音 キ
訓 す——てる

地獄の飢えの中で、かすかな希望を探した親の姿

貧困や災害などのために、飢餓に陥った一家がいる。両親は、何人もの子供を抱えて絶望していた。誰もがひどく腹を空かせていた。とりわけ生まれたばかりの末の子は、やせ細りぐったりとして、息も絶え絶えなのだ。

近所も同じような状態だった。飢饉は地域一帯を襲っていた。どの家も極限状態にあった。抵抗力のない赤ん坊から弱っていく。もう、この子はだめだ……。

そこで、自らの手を汚す親も出る。ほかにきょうだいもいるのだ。わずかな食料は、まだいくらか元気な子たちに回すべきだ。衰弱しきってしまったこの子は、せめて親の手で、楽にしてやりたい……

口減らし、子殺しである。近代まで世界各地で広く見られた悲劇だ。ほかの家族を生かすため、最も弱い個体が犠牲になるのだ。

しかし、なんといっても我が子である。殺すのはあまりにしのびない。せめて希望のひとかけらくらい、つかませてやることはできないだろうか。

そう考えたある親は、赤ん坊を籠に入れて、川に流した。もしかしたら下流の村には、食べ物があるかもしれない。裕福な人に拾われるかもしれない。もしかしたら流れていった先には、生きる望みがあるかもしれない……。

そんな思いを込めて、両親は小さくなっていく籠を見つめた。子供を棄《す》てた罪悪感にかられながら。

「棄」とはそんな漢字だ。子供を棄てることなのだ。だから、その上部の「𠫓」は、「子」が逆さまになった形をしている。そして中央に、物を掃き集めたりする箕《み》などの民具の象形「丗」。ここに子供を入れて流すのだ。さらに下部は木ではなく「廾《きょう》」で、両手で捧げ持つ形だ。これらが合わさり、簡略化されて「棄」となった。こんな漢字が成立するほど、飢えや子流しは暮らしのすぐ背後にあった。

名

音 メイ、ミョウ
訓 な

親が命名するのは、生き残った赤ん坊だけだった

夕刻、日が沈むと世界は一気に闇が濃くなった。電灯などない。せいぜい松明《たいまつ》程度の、遠い昔。目の前に人がいても、それが誰だかわからないような漆黒なのだ。だから人々は、お互いに自分の名を名乗り、確認しあって会話をしたのだという。それが「名」の字源であるといわれる。「夕」方に「口」にするものから、「名」が形づくられたのだと。

しかし、また別の論もあるのだ。それは家族にとってもっとも大切な、子供の誕生にちなむものである。

古代。いまと時代が違ってもきっと、待望の赤ん坊が生まれ落ちたとき、夫婦はひと安心しただろう。喜びに満ちあふれたはずだ。しかし、赤ん坊にすぐ命名することはなかった。生まれたばかりの命は、か弱い。医療も未発達なのだ。現代ならなんということはない感染症やケガでも、新生児はあっけなく死んでいった。

だからしばらく様子を見て、丈夫に育つ子であるかどうかを見極めたのではないだろうか。一定の期間がたち、どうやら成長してくれそうだと思ったら、一家は我が子を家族の正式な成員として認めるのだ。このときは先祖の廟《びょう》に参り、儀式を行うのだという。

欠かせなかったのは肉だ。神事のときに使うもので、その切り分けられた形から、「夕」の字があてられた。「夕」は日が沈む頃という意味のほかに、「肉」を指す場合もあるのだ。「多」もこの流れの中にある字で、「夕」を二重に重ねる。つまり肉がたくさんあることから、多いという意味で使われるようになったのだ。

さらに儀式には「口」が必要だった。本書で何度も出てきた通り、これは人体の器官ではなく、祝詞を入れる器である「口《さい》」だ。「夕」と「口」とを、先祖と神に供えて、新しい命を祝福する。そして我が子の名前をつける。この儀式を「名」と呼んだ。「名」とは、赤ん坊が生まれて早々の試練を乗り越えてきた証なのだ。

魂

音 コン
訓 たましい、たま

人は死ぬと、その心が雲のように天へと上っていく

人が亡くなると、その魂は肉体を離れて、空中に漂い出るという。人魂だ。そしてふわりふわりと舞い、やがて天高く上り、「あの世」へと旅立っていく……。古代の人々はそう信じた。いや、いまでも故人を思い、その霊魂が存在することを心の支えにしている人はたくさんいるだろう。

死者の身体からさまよい出てくる、魂。人の心。それを古代中国では、雲のようだと思ったのだ。現在の日本でも、さまざまな怪談や文献で、魂は青白い炎のように、あるいは小さな雲のように描写されている。

その雲を表している文字が、「魂」の左側を構成している「云」だ。もやもやした煙のようなものが立ち上っていく姿である。「云」は「雨」を頭に頂いて、「雲」と派生する。人魂を目撃した人が、まるで雲のような形だと、この文字を考え出したのかもしれない。

この「云」に、「鬼」がつくと、「魂」ができあがる。

鬼とはいったい、なにか。ツノの生えた巨人、妖怪や悪霊というのはあくまでイメージを偶像化したものにすぎない。疫病や、人に不幸をもたらす災厄全般を表している。さらに、「人の知恵や力の及ばないもの」「あの世の存在」「この世とは違うもの」……といった、異世界の存在も含んでいる。そして亡くなった人の魂もまた、鬼のひとつだったのだ。

なお「鬼」の上の部分は、大きな頭の形なのだという。古代中国では、人が亡くなると、なにかお面をかぶせて弔ったのだという説もある。大きな面をつけた死者の姿……そこから、寓話や物語に現れる鬼の姿形が考え出されたのかもしれない。

久

音 キュウ、ク
訓 ひさ―しい

人は亡くなっても、永久に生き続ける

命を失い、倒れそうになる人の死体。それを後ろから木が支えている。そんな姿を描いた文字が「久」だ。

行き倒れた旅人だろうか。病に苦しんだ果ての悲劇だろうか。いま、まさに死を迎えたその人の背を、木が守るように支えているところにどこか救いを感じる。

この人は亡くなったまま、やがて木からも崩れ落ち、大地に還るだろう。肉体は消滅し、分解されていく。しばらく時間がたてば、あとにはなにも残らない……。

いや、そうではないのだ。

たとえ命を落としても、誰だってなにかを残しているものだ。誰かに思いを伝えているものだ。身体は滅びてしまうだろう。でも気持ちや心は、どこかに留まって、ずっと生き続けるのではないだろうか。

古代の人々も、たぶんそう考えた。戦争や病で人があっけなく死んでしまう時代だったからこそ、よけいにそうした思いは強かったかもしれない。奴隷が無造作に殺されていく社会でも、無駄な死なんてないのだ。人は死んでも、その魂は久しく在り続ける。

「久」の「長くときを経ること」「古くから存在すること」という意味はここから来ている。ときがいつまでも続くことを表す「永久」や「久遠」も同様だ。永遠であってほしいのは、人の思いであり、私の思いなのだ。

その「久」を、すなわち亡骸を、木でできた箱の中に入れると「柩」になる。棺桶のことだ。そして人は葬られていく。

しかし人の心はどこかの誰かの心の中に、残り続けるだろう。いや、そうであってほしい。「久」には、はるか古代から変わらない人間の願いが満ちているのである。

忘

音 ボウ
訓 わす―れる

「忘れないで」と叫んでいるのは誰なのか

「心」を「亡」くしてしまうから、気持ちがなくなってしまうから、人は誰かを、なにかを「忘」れてしまうのだ……そう語られる漢字である。移ろう心の切なさや儚さが伝わってくるのだが、そもそも「亡」とは死そのものなのである。

「人」と、それを囲う「乚」の組み合わせによって成り立っている字なのだ。乚は「おつにょう」「つりばり」などと呼ばれ、隠すことを意味する。「隠」の古字とも言われる。その文字で、なぜ人を隠すのか……命を落としてしまったから、埋葬するのである。「亡」とは、土葬される人の姿を模写した姿なのだ。

　その死体に、「心」が寄りそう。「心」は有名な話だが、心臓の形からつくられた文字だ。命そのものであり、人の考えや気持ちの源となるもの。その「心」が、「亡」の土台になって、「忘」を形づくっている。

これは死体そのものの、死者の叫びなのだ。どうか忘れないでほしいと。私が生きていたことを、どうか覚えていてほしいと。そんな思いを残し、人は亡くなり、旅立っていく。私たちは死者の気持ちを受け取って、決して忘れることなく、思い出を胸に刻む。

死が身近だった古代も、いまも同じだ。人は忘れずにいてくれる誰かの心の中で、生き続けるのである。

白

【】

音 ハク、ビャク
訓 しろ、しら、しろ—い

風に吹かれ、朽ちてゆく頭蓋骨

野ざらしになった遺体がある。

行き倒れたのだろうか。野盗にでも襲われたのだろうか。あるいは疫病かもしれない。埋葬もされず、肉は動物にでも食われたか風化したのか、いまや骨だけとなり、無残な姿を晒している。

風に吹かれている頭蓋骨。男だったのか、女だったのか。どんな人生を歩んだ人だったのか。それすらもわからず、頭蓋骨はただ大地に転がっている。だが、気にかけている余裕はない。なにせ死は身近なものなのだ。自分もいつああなるか、わかりはしない……。

そう誰もが思った。しかし通り過ぎようとするそのとき、頭蓋骨の生々しい色合いが目の端を射る。その形と色のことを、いつしか人々は「白」と呼ぶようになっていった。

そんな説がある。「白」とは頭蓋骨の色であり、漢字の姿は頭蓋骨を象ったものなのだ。そこには顧みられることのない死体の寂しさ、空虚さも漂う。眼窩だけがぽっかりと黒く空いた真っ白なしゃれこうべ。その白からは美しさや清潔さよりも、からっぽになってしまった悲しさを感じる。

だがこれは、名もなき人の場合だ。生前に広く知られた指導者であるとか、軍人や貴族などは、遺体は打ち捨てられることなく保存された。討ち取った敵軍の将の頭蓋骨を大切に飾る風習はさまざまな古代社会で見られる。こうして死後にまで人格や力を認められた人物のことを「伯」という。ひとかどの人間の頭蓋骨という意味だ。そこから「伯爵」など階位を表す言葉へと転化していく。

「白」の字源はほかにも諸説ある。昇ってくる朝日の形と、そのまぶしさを表現したという説。米のひと粒だという意見。親指の爪の形だとも、白い木の実をモチーフにしたともいわれる。シンプルなひと文字ではあるが、その成り立ちははっきりしていないのだ。古代の人間はなにを見て、白いと思ったのだろうか。

化

【】

音 カ、ケ
訓 ば—ける、ば—かす

生きていた人が倒れ、死んでいく様子の描写

万物は流転する。形あるものはいつか壊れる。そして命あるものはいつか滅びる。あらゆる命と同じように、人はやがて死ぬ。

生ある人から、死者へ。その変化を表した漢字が「化」である。左側は人《にん》べんと言われるように、人そのものや、人の行為や動作などの象徴だ。

そして右側の「匕《か》」は、人が逆さになった形。大地を踏みしめ生きている人間ではなく、倒れ、横たわり、命を失ってしまった死者。悲しい変化がそこにはある。「化」とは「死」なのだ。

だから「化」とは、あの世を、異界を示す文字でもあった。妖怪や幽霊、鬼などの怪異を「化け物」と言うのがその最たる例だ。妖怪変化と呼んだりもする。それら異形の中には、もとが人間だったものもいる。人が、呪いや怨念や憎悪によって、人ならざるものへ

と化けてしまったのである。

やがて「化」は、死だけでなく、変化それ自体も表現するようになる。例えば、物質を構成する原子や分子の変化を捉えて考察する学問は、「化学」と呼ばれるようになる。

そうした変化を表す「化」を草かんむりで飾ると、「花」になる。多くの植物は、つぼみを宿し、やがて色鮮やかな花が咲き、そして散っていく。古代人はその変わりぶりを人の生死に見たてて「化」の字を当てたのかもしれない。

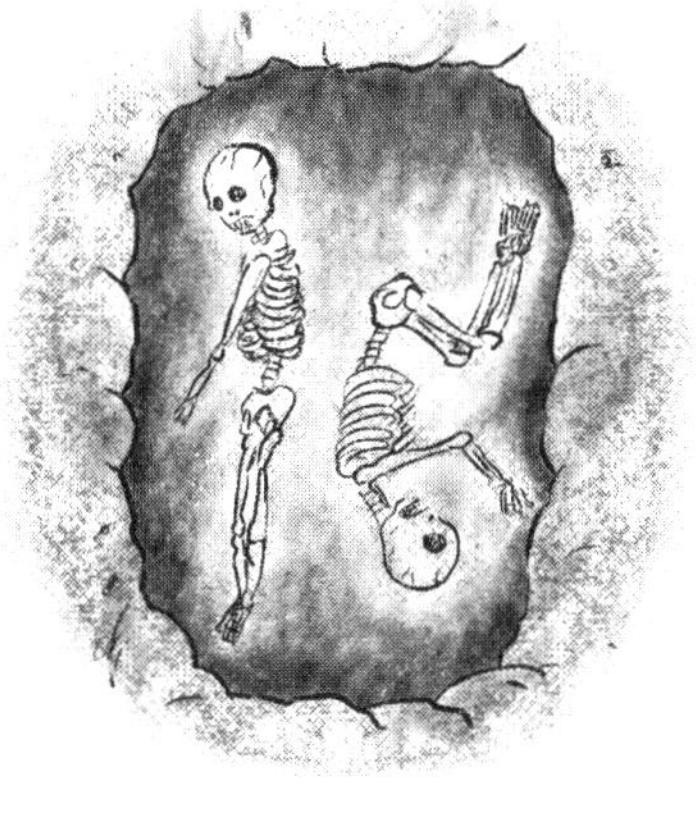

荒

【】

音 コウ
訓 あら―い、あ―れる、あ―らす

飢え死にをした人々の頭蓋骨がさみしく転がる

農業は発達しておらず、食糧生産は安定していない。古代、飢饉は日常的だった。だから飢饉で壊滅した村があっても、とくに顧みられることもなく、野ざらしの死体もろとも放置された。

やがて時が流れ、村は自然に還る。草木が家や田畑を覆いつくし、死体は骨だけとなり、頭蓋骨も草の間に隠れようとしている……そんな光景こそが「荒」なのである。

下部の「巟」は、まだ頭髪の残る頭蓋骨のイメージだ。飢えて体力を失い、行き倒れたのだろう。葬る者もなく、ただ朽ちていくのみだ。繁殖していく草に隠されようとしているが、これは言うまでもなく草かんむりで表現している。

こんな寂しい場所のことを、荒野と呼んだ。荒れ果てた土地、雑草が生い茂る土地、なにも実らない土地……そして滅んでしまった土地を意味する。荒野とはもともと、飢饉によって打ち捨てられた村を指す言葉だったのである。

そんな荒野があちこちに広がっていた時代。人々はなによりも飢えを恐れて、豊かな収穫を神に祈ったのだ。ときに呪術にも頼り、我が村が荒野にならないよう、心を砕いたのだ。だから心を表す「忄《りっしんべん》」が「荒」につくと「慌」となり、飢饉を前にして慌てる、恐れる、というように使われていく。

しかし「慌」はまた「慌惚《こうこつ》」という熟語にも入る。うっとりする、心奪われてぼんやりする、というほどの意味だ。荒野と、うっとりとは、ずいぶんかけ離れているようにも思うが、無数の頭蓋骨が転がる様子を見て、心が壊れてしまったのか。あるいは慌惚としながら救いの神の名を呼んだのか。いずれにせよ、そこには悲しい景色が広がっているのである。

なお、慌惚は「恍惚」という書き方もする。光を浴びてぼんやりしている様子で、意味はどちらも同じだ。

真

音 シン
訓 ま、まこと

世界でただひとつの、永久の真実とは？

この世には、本当に不変なるもの、永遠に変わらないものはあるのだろうか——。人間は遠い古代から、そんなことを考え続けてきた。

しかし人生は、その重たい問いに答えを出すには、あまりにも短い。ときには不慮の事故に遭い、あるいは旅先で行き倒れることもあったろう。現在よりもずっと、死の臭いが濃密だった時代である。そんな死者のことを「匕《か》」といった。「人」を逆さにした文字、すなわち生者が死者に反転したものであるとも、あるいは人を死に至らしめた刃物の傷からできた字だとも言われる。

この「匕」の下に、吊るされた首を表す「県」（→P94）が入る。すると「眞」になる。この古い字がやがて「真」へと変化していく。死者の中でもとくに、旅先で突然の死に見舞われた者、災難によって命を落とした者のことを指したという。

なぜ、そんな死者だけを「真」と呼んで区別したのだろう。

それは、天命をまっとうすることができなかった存在だからだ。本来の生きられるべき寿命を不慮の事故によって絶たれてしまった人間は、怨霊となって災いをもたらすと考え、恐れられた。

だから「真」は、大切に扱う必要があった。「心」を尽くして「慎重に」遺体を埋葬し、その迷える魂、怒れる魂を「鎮めた」のである。「慎」も「鎮」も、どちらもそのルーツは死者なのである。なお金へんは、もともと金属のことだが、地中に埋まっているものも表す。

そうして「真」を葬った生者は、気づいたのだ。死によって、はじめて人は不変のものになるのだと。生きている間、人は常に変化し、姿や考えを変える。しかし鎮魂され、死を受け入れ、天に帰っていく魂は、もう永久に変わらない存在ではないか——。

ここから「真」は死者ではなく、真なるもの、世の真理といった意味に変じていく。人は、死に真実を見たのだ。

胸

音 キョウ
訓 むね、むな

どうして「凶」の字が入っているのか

その見た目がすでに禍々しい「凶」の文字。鋭く交差するところがなにやら生々しい傷を連想させるが、実は文様なのである。死者の胸に×を描き、邪霊が入り込まないようにしたのだ。やはり呪術の一種だった。

×を囲む「凵《かん》」は、大きく開いた様子、入れ物を意味する。この場合は胸のことだ。つまり「凶」とは、魔よけの呪い。むしろ凶事を防ぐ側の文字だったのだ。

しかし、×を描く儀式は死者を葬るときに行う。縁起は良くない。だから次第に「凶」の字そのものが不吉さや災いを表すように変わっていったのだ。

その「凶」を、包み込む意味がある「勹《ほう》」でくるむと「匈《きょう》」になる。そして人体の一部であることを示す「月《にくづき》」を偏にすれば「胸」だ。

この漢字はもともと、文様が施された死者の胸のことだったのだ。

なお「匈」のひと文字だと、恐れる、騒乱が起きるといった意味を持つ。だから中国の歴代王朝が手を焼いた匈奴《きょうど》とは、災いをもたらす恐ろしい連中、という意味なのだ。

邪霊に取り憑かれると魂が浄化されずあの世へと旅立てない、という考えは世界各地にある。日本でも故人の顔に白い布をかけたりするが、同じことだ。

愛

【】

音 アイ
訓 め―でる、いと―しい、まな

思いを残して、振り返りながら去っていく姿

人の愛の形はさまざまだ。ときに愛は争いを生み、人を傷つけ、苦しめる。愛情のもつれから、いくつの悲劇が生まれただろうか。

そんな複雑な「愛」の有り方を示すように、漢字もまた複数の要素が絡み合って成立している。「旡《き》」と「夂《すい》」、それに「心」の3つの文字だ。

「旡」とは、「食事が終わって、お腹いっぱいになり、食卓から顔を背け、その場をあとにしようとしている人の図」から来ているのだという。ここから転じて、「物ごとの後に立ち去る人」という意味を持つようになった。私たちがよく使う「既」にも用いられ「すでに」と、過去のことも表す。

そうしてひとつの所作を終えて、場を去るときの足の形が「夂」だ。後ろを向き、あとずさって、退去をしようとしているのだ。そこを

「心」が押しとどめる……そんな姿こそが「愛」なのである。

愛とは、心を残しつつ、惜しみながら別れていくこと。

その相手は、古代では神だったという。去っていくのは、神と通ずる儀式を終えたあとの巫女だったかもしれない。あるいは厳しい日照りの中、神に対して必死の雨乞いをした村の人々だったかもしれない。思いは届いたろうか。伝わったろうか。神は、振り向いてくれるだろうか……。その揺れる気持ち、後ろ髪を引かれるような思いが「愛」という文字には込められているのである。それは、愛することへの対価を望む、執着であるかもしれない。

やがて「愛」は、人の間の感情を表すようにもなった。しかし、愛は決して成就するものばかりではない。それに人の心は移ろいやすい。これほど思っているのに、対価を、愛情を返してくれないと知ったとき、愛は憎悪に変わる。別れ際にいつも心残りで振り返るほどだったのに、あなたは応えてくれない……そのとき、人はどんな行動に出るのか。そんな危うさも表現された文字なのだ。

色

【】

音 ショク、シキ
訓 いろ

人はどんなときに最も表情豊かになるのか

私たちの目に映る、鮮やかな世界。

すべての物体は光を反射して、さまざまな波長を発している。その波長の違いを、人の視神経は色の違いとして捉えて、脳に伝え、私たちの感情に訴えかけてくるのだ。世界はなんと色彩に満ち、カラフルで、美しいのだろうか。

海や木々の色合いに心を動かされ、咲き誇る花を見て気持ちが昂ぶり、ときには暗く雨に煙る家々を見て物思う。色は人類の想像力の源ともいえるのだ。

その「色」という漢字は、人が重なり合う姿で表現されている。下部はうずくまり、あるいはひざまずいて座る女性の姿だ。「巴」にも似た文字だ。そこへ上から覆いかぶさっているかのような「ク」の文字。これはつまり、人の性行為を表現している。横たわっている女性に男性が抱きついているところなのだという。

いつの時代も、人の営みに変わりはない。愛する人と結ばれて、本能に身を任せるとき、ふたりの表情はくるくると変化する。ときに恥ずかしさで顔は赤くなり、喜びを感じて上気し、快楽は肌を桃色に染める。お互いの体温を感じて大きな安心感に包まれているときは、複雑だが心落ち着く色彩の中に揺られることだろう。

愛情をぶつけあいながら、人はさまざまに表情を、その顔色を変えるのだ。だから性行為に「色」という漢字をあて、色彩、カラーという意味を与えていった。「色」とは、人間の豊かな感情そのもののことなのである。

現在も「色」は性的な文脈でも使われる。「好色」「英雄色《いろ》を好む」「色情」といった言葉が代表的だろう。性行為のときの顔色が「色」の字源であるのだから、それも当然といったところだろう。人間の表情には、この大自然に匹敵するほどの、多様な感情が表れるということなのかもしれない。

優

【】

音 ユウ
訓 やさ―しい、すぐ―れる

未亡人を慰めているのは、いったい誰なのか

人に対する思いやりの心や、ものごとに秀でていること、あるいは上品で美しいことを表す「優」。女性の人名にもよく使われる漢字だが、よく見ればその右側はどこか不穏だ。「憂」が座っている。

ひどく落ち込み悲しむ。心配して悩む。心が晴れない。苦しい。辞書を紐解いて「憂」の意味を調べれば、重苦しい言葉ばかりが並ぶ。「優」のポジティブなイメージとはかけ離れている。

そもそもこれは、なにを憂えているのだろうか。漢字の構造を見てみると、大きく3つに分けられる。上部の「頁《けつ》」は人の頭を強調したものだ。顔を布で覆っているともいわれる。真ん中の「心」は嘆き悲しみ、揺れる気持ちの象徴だ。そして下部には、「夂《すい》」が入る。足跡や人の歩みを意味するが、この場合は後ろ向きな、引きずるような気持ちの足取りを表現している。

顔を覆い、悲しみにくれてたたずむ人……「憂」の漢字のモデルは、未亡人なのだ。愛する夫に先立たれ、これからいったいどうやって生きていけばいいのか、途方に暮れる女性の姿。

しかし、どんなときにも誰かが寄り添ってくれるものなのだ。未亡人の傍らに「人」、つまり人べんが現れて「優」となる。つらいときにこそ人を支えようとする心こそ「優」なのだ。

しかし、もう一説。未亡人のそばに立つ人とは、泣女《なきめ》だというのだ。葬儀のときに遺族の代わりに泣き叫び、慟哭し、死者を慰める、一種の神事であり習俗だ。古代世界の各地で見られ、日本でも昭和初期まで存在していたという。中国や韓国ではいまも現役だ。この泣女は葬儀を演出し悲しみを誘う、いわば役者。そこから「優」は演者、女優や俳優という言葉にも使われるようになる。そして女優といえば、いつの世も美しさの象徴だ。「優」にはさらに、美貌という意味も加わる。しかし、それらすべてのもとになっているのは、人の死なのである。

切

音 セツ、サイ
訓 き―る、き―れる

親を切ることが、どうして「親切」になるのか

「親」と「切」を重ねると、「親切」という熟語となる。なぜ、なによりも大事にしなくてはならない親を切ることが、人を思いやり気持ちを尽くす意味を持つ「親切」になるのだろうか。

その理由は「切」にある。こちらもまた、よく見てみれば不思議な漢字なのだ。刃物などでなにかを分断する、離れ離れにするという字なのだから、「刀」が入っているのはわかる。しかし、その「刀」がどうして「七」と組み合わさっているのか。

実は「七」こそが、かつては「切る」という意味で使われていたのだ。その古い字形は、まるで十文字のようだった。そう、刃物で縦横に切り刻んだ形からできたのだ。あるいは切断した骨の形だという説もある。いずれにせよ古代中国では「七」という文字で「切る」という行為を表していたのだ。

しかし、後年になって数字の7に、「七」が当てられるようになる。発音がよく似ていたからだ。音が共通する文字をそのまま借りてしまうのは古代中国でよくあることで、やがて「七」も数字として使われるほうが一般的になっていく。

そこで本来の「切る」を表す文字が必要となった。分断、離断を強調させるために「刀」を「七」に加えることになった。こうして「切」ができあがるのだ。

その「切」もまた、時代によってさまざまな文脈で使われるようになる。刃物をなにかに密接に当てることから「寄り添う」へと派生し、さらに「大事に思う」「心を込める」などと発展していく。

ここで「親切」の謎も解けるというわけだ。「親」とは肉親のことだけでなく、親しい人、身近な人のことでもある。そんな人たちに接するように、相手を思いやること。それが「親切」だ。「大切」「切実」にも「切」のこうした一面がある。猟奇的だったり恐ろしげに見える漢字は実に多いが、中にはほっとさせられるものもあるのだ。

氏

音 シ
訓 うじ

血まみれの肉片を切り分けた鋭い刃物

文明というものがまだ萌芽していなかった頃から、人は人同士、肩寄せ合って生きてきた。まだ野獣のうごめく大地を、道すらもない荒野を生き抜くには、人ひとりの力はあまりにも小さい。仲間同士で力を合わせるしかない。そのための群れが、家族だった。

同じ先祖を持ち、血のつながった家族親族だからこそ、お互いに信頼でき、命を預けられる。ときに力を合わせて獲物を狩り、ときに貴重な食物を分け合う。

その家族の絆を確かめ、結束を高める儀式こそが、祭りだ。原初の祭りとはおそらく、亡くなった家族を慰霊したり、先祖の魂を祀るものだったろう。

祭りの中でとくに重要なのは、食事をともにすることだ。神に酒と収穫物を捧げ、自分たちでも飲食する。宴を通して共同体のつながりはより強くなる。

そこでは、皆で協力して仕留めた獲物の肉も供された。真っ赤な血の滴る肉を、刃物で切り分けて、全員に配るのだ。

この刃物の形からつくられた文字こそ「氏」だ。原始的なナイフのようなものだったろう。同じ血族であることを示す「氏」とは、同じ肉を分け合う家族のことなのだ。名前の後に「氏」をつけて敬称とするのは後世に出てきた使い方で、まずは血と肉の結びつきこそが「氏」であったのだ。

家族とは、人が生きていく上で最も大事な基盤だ。太古も現在も変わらないその姿が、「氏」には込められている。

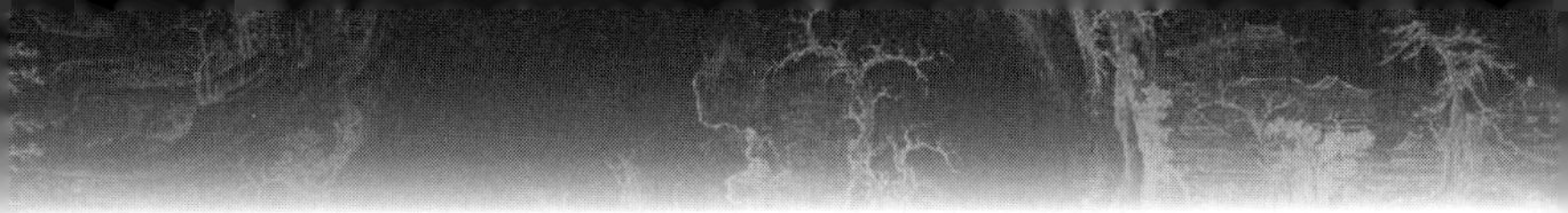

勤

音 キン、ゴン
訓 つと—める、つと—まる

勉

音 ベン
訓 つと—める

大地を這い、炎に焼かれても、人はがんばれるのか

勤勉という言葉は、その成り立ちを知ってしまうと、あまりの重さに使うことをためらうようになる。

「勉」を見てみよう。「免」と「力」の組み合わせだ。「免」は、女性が両足を開いて子供を産む姿勢を表している。産みの苦しみから解放され、やっと軽い身体になれることから、「まぬがれる」という意味を持つようになった。そしてまた、出産時の体勢から、「身を低くし、伏せている姿」を表現することもあるのだ。そこに「たくましい腕」「農具の鋤」の象徴である「力」が加わる。すると、「かがみこんで懸命に農作業をがんばっている人間」となる。そこから学習に励むとも転化していくのだが、もともとは、地べたを這い、土と格闘し、汗にまみれて田畑を耕すことを「勉」といったのだ。勉強よりもはるかに、つらく苦しいものだったろう。

　そして「勤」はさらに酷である。

　左側の「堇《きん》」は厳しい文字だ。「需（→P140）」と同じように、雨乞いをしている巫女の姿なのだが、その全身が炎に包まれているのである。まったく雨が降らず、乾燥しきった大地を見て、これはもう生半可な日照りではないと悟った巫女は、自らを人身御供《ひとみごくう》として神に捧げるのだ。炎に焼かれ、地獄のような苦しみの中、それでも雨を求めて祈る。古代、神事を担う人々は、ときにそれほどの覚悟をもって神と対面していたのである。

　そうはならぬよう、誰も飢えたり命を落とすことがないように、日ごろから鋤をふるい、農作業に励もう……という気持ちを「力」に込めて「勤」が生まれた。いまでは労働全般に使われる文字だが、残酷さが秘められているのだ。

　勤勉であることが常に求められる世の中ではある。しかし「勤」も「勉」も、その意味は存外に重たい。土まみれになり、火あぶりにされてもがんばりぬくと、あなたは言えるだろうか。

図

音 ズ、ト
訓 はか―る

貧富の差と、土地を巡る人類の争いのはじまり

人類が狩猟採集によって命をつないでいた時代、ものを「所有」するという概念は、ほとんどなかったのではないかと考えられている。人は複数の家族からなる集団で行動し、獣を狩り、魚を捕らえ、木の実を採って、必死に食料を求めながら暮らしていた。互いに力を合わせないと、生き抜くことはできなかっただろう。だから食料の備蓄があったとしても、それは個人のものではなく、集団全体のものだった。誰かが食料を所有するという考えは生まれようもなかった。群れで一個の生命体だった、とさえいえるかもしれない。

やがて人類は動物を手なずけ、牧畜を覚えて、肉や乳や卵や、毛皮の生産をはじめるようになる。すると、家畜の数が集団の経済力に直結するようになる。豊かな集団はより多くの牛や羊や鶏を持っていた。奪い合いも起こる。また婚姻のときの持参金として家畜を相手の家族に送る風習も生まれてくる。家畜は財としての価値を持つようになり、その持ち主は家族という集団であったものの、人は「所有すること」を知ったのだ。

決定的となったのは農耕の開始だった。麦や米といった食料を安定生産できるようになると、余剰生産物を富として蓄える者も出てくる。あるいは通貨として使い、交易を活発化させて、ほかの集団から別の食料や衣服や装飾品を得る者も増える。一方で小さな田畑しか持てず、蓄えることのできない集団もいた。ここに「貧富の差」が生まれたのだ。

人は、より豊かであろうと、できるだけ大きな田畑を占有し、生産物を貯蔵する米倉を持とうとした。そして、こぞって啚《ひ》＝耕作地、米倉を柵で囲み、自らの領土と定めた。その形が「圖」だ。これが簡略化されて「図」になっていった。自分が持つ土地を描いたものなのだ。

所有の概念、貧富の差、そして土地を巡る争い……「図」は人間の原罪のようなものの象徴でもあるといえるだろう。

私

【】

音 シ
訓 わたくし、わたし

人間が私欲に走るようになったのはいつのことか

「禾（のぎへん、か）」がつく漢字は、実に多い。稲、穂、穫、秋、種……これらからもわかる通り、禾は豊かな実りの象徴だ。稲に代表される穀物が、収穫の秋に重たく穂を垂れている姿から、禾という字がつくられた。

こうして穀物の栽培をはじめることで、人類は安定して食料の確保ができるようになった。獲物を求めて移動するのではなく、定住して農耕を中心とした生活を送っていく。ここから都市化、文明化は一気に進んだ。禾は人類を大きく飛躍させたのだ。

しかし、禾はまた、人間の深い業のはじまりでもあった。

かつて人は集団全体で少ない食料を管理し、助け合って暮らしていたが、農作物の安定生産によってこれが変わった。食料に余裕が生まれてきたのだ。その余剰作物の奪い合いがはじまる。誰もが人より多く禾を手に入れようとした。禾こそが財産であり、資本なのだ。いまもなお続く富をめぐる人の争いは、このときに発生した。

そうして穀物を専有しようとする人々こそが「私」だ。禾の右側の「ム」には、ものをしまい込む、自分のものとして囲う、という意味がある。禾を確保し財として蓄える……それこそが「私」なのだ。禾を私物として私有し、私欲を満たす人の姿。食料にゆとりが出てきたとたんに、一蓮托生の共同体は崩壊し、誰もが他者を顧みない蓄財に励み、私、私と声高に主張する社会になっていく。

そんな「私」に対して出てきた概念が「公」だ。同じように「ム」が入っているが、その上に「八」が座る。これは数字ではなく、左右にきっぱりと分かたれていることから、均等や平等を表す。貯めこんだ財を、特定の誰かのためではなく、共有物として使う……誰もが「私」にまみれたままでは社会そのものが成り立たないと危機感を覚えた人類は、「公共」「公益」といった考え方を生み出した。禾をめぐる争いが、公私をつくったのだ。

年

音 ネン
訓 とし

めぐる季節のサイクルが人類に刻まれたとき

古代の暮らしで、いちばん嬉しい日とは、いったいいつだろうか。それはやはり、稲穂が豊かに実ったことを祝う、祭りの日だと思うのだ。まだ寒い春先から土を耕し、夏の暑さの中でも田を世話する日々。日照りや水害に怯え、疫病を恐れ、神にすがることもたびたびあっただろう。そして空も高くなる秋、稲は米をたっぷりと抱いて頭を垂れるのだ。誰もがほっとした。これで一家が、村が食っていける。どうやら冬を越せる……。

その安心は、いかばかりだったろう。だから人々は歌い、踊った。収穫物を神に捧げて感謝をした。仲間同士、喜びが爆発した。こうして自然発生的に収穫祭がはじまり、現在に至っている。

世界各地で同じような秋祭りが連綿と続いているが、日本では勤労感謝の日に当たる。かつては新嘗祭《にいなめさい》の名称で祝日とされていた。

獲れたての新米を神に供えて、実りに感謝をするのだ。

古代中国では、この祭りのときに、人は稲わらを抱えて踊ったのではないかと考えられている。稲すなわち「禾《か》」を手に、楽しげに舞う「人」の姿……この「禾」と「人」を組み合わせた漢字が、「年」である。生活を支えてくれるコメを掲げて、一年の苦労が報われたと、今年も生き延びられると歓喜した。

そんな光景から、人は暦をつくったのではないだろうか。稲作のサイクルに合わせて、田植えをする時期を春と呼び、稲の育つ様子を眺めながら害虫や雑草と戦う時期を夏と呼び、収穫する時期を秋と呼んだ。家にこもり寒さに耐える時期は冬だ。

こうして時間の流れを区切ることで、人間は歴史を刻みはじめたのかもしれない。狩猟採集生活から農耕生活へと移り変わり、秋の実りへの祝福をすることで、人の体内時計の中に「年」という概念が育っていったのだ。そう思うと、いまを生きる私たちも、ひとつひとつの季節をもっと大切に過ごしたくなってくる。

委

【】

音 イ
訓 ゆだ―ねる

女性たちに委ねられ、まかせられたものとは

豊かに実った稲穂を表す「禾《か》」。農耕と文明の母のようなこの文字から、さまざまな漢字が生まれていった。「委」も、そのひとつだ。「禾」を抱いている女性の姿である。

「年」の項（↓Ｐ１９８）でも触れたが、収穫の秋になると、人々は喜びを込めて稲わらを手にし、踊ったのだという。また農作業をはじめる春先にも、豊作を祈って、やはり稲を抱いたり担いだりして踊ることがあった。こうした習慣が、春祭りや秋祭りへと昇華していき、現在まで続いているのだ。

このときはきっと、男女入り混じっての熱狂的な儀式となったろう。１年の中でもとりわけ特別な日なのだ。女性たちも男たちに負けじと稲わらを振るい、神に感謝し、踊った。女性たちに稲をまかせ、委ねて、その優雅な踊りを皆で眺めたのだ。

そこから「委」には、なにかをまかせて委託して委任することであるとか、人に委ねて委譲することという意味を持つようになる。そして何らかの役職や立場を任された人は、委員と呼ばれた。稲わらを預けられ、皆の前で踊った女性……それが委員のルーツだった。

しかしなぜ、女性が踊る様子から「委員」にまで派生していったのだろう。稲を委ねられたのは男性も同様なのだ。もしかしたら古代人は、人々を代表してなにかを議論したり決定するのは女性のほうが適していると考えたのかもしれない。現代の日本社会にはあまり反映されてはいないようだが。

倭

音 ワ、イ

訓 やまと

古代日本を表す漢字に込められた意味

稲わらを手に踊る女性の姿がもとになっている「委（↓P200）」。稲を預け、委ねて、踊りを任せることから、役職を頼むことなどへと発展していった。

しかしこの漢字には、もうひとつの流れがある。

稲を持った女性たちは、男性よりも低い姿勢で舞い踊ったのだという。そこから転じて、「委」は自分よりも低く、小さく弱々しいという意味を持つようにもなった。背景には男性との体力や体格の違いもあっただろう。だから委縮といえば、おどおどしたり、元気なく心が縮こまってしまうことを表す。

「委」に草かんむりがついた「萎」は、植物が枯れしぼむことだ。さらに「矮」は、小さいことや低いことを悪く言うような意味も持つ。「矮小」などと使われる。「委」は生命みなぎる稲踊りの一方で、ネガティブな文字でもあるのだ。

そして「倭《わ》」だ。

日本のことを表す古い国名だが、そう呼んだのは中国である。倭人つまり日本人の生活習慣を記した、3世紀の『魏志倭人伝』で広く知られるようにもなった言葉だ。

しかしその意味は、弱く低い「委」に人べんで、背の低い者、言いなりになって従う人々だったという。いわば蔑称なのだ。

古代から超大国であった中国は、周辺の異民族を「東夷《とうい》」「西戎《せいじゅう》」「南蛮《なんばん》」「北狄《ほくてき》」と呼んで蔑視したが、日本もまた例外ではなかった。「倭」と呼んで、小さな島に住む委縮した者たち、と蔑んだのだ。

当の日本人もしばらくは自分たちの国を「倭国」と自称していた。だが中国からどう見られているかに気づいたのか、「倭」と発音は同じだが良い意味を持つ「和」を名乗るようになる。そして7世紀頃からは正式に「日本」と国号を定め、それが中国にも伝わっていった。差別的な視線を、日本人ははねのけたのである。

歴

音 レキ
訓 ―

破壊と創造を繰り返してきた人類の歴史

「禾《か》」がふたつ並び立つ。「秝《れき》」という字だ。収穫した稲が均等の間隔で並んでいるところなのだという。これから乾燥させたり、もみ殻を取り除いたりするのだろうか。そんな作業を待っているところのようにも見える。この稲を建物の中に保管すれば「厤《れき》」となる。

稲わらの間を慌ただしく行き来している人の姿が「止」だろう。この字はＰ２１６などでも説明しているが、本来は止まっているところではなく、どこかへと踏み出そうとしている足のことだ。ばたばたと収穫後の選定や精米にはげみ、けんめいに働く人の足元。そんな「止」と「厤」とがひとつになり、簡略化されると「歴」の完成だ。

そう、歴史の「歴」である。人は稲作をもって人類としての歴史を歩みだしたのだ。収穫した稲を順番通りに作業して米をつくるように、年を数え、起きた出来事を記録し、物語として伝え、歴史を紡いでいく……そうやって私たちは生きてきた。

そして「厤」を大切にして寄り添う「日々」のことが「暦」だ。暦とは農作業のサイクルをもとにした、時間の流れを体系化したものなのだ。

しかし「歴」の成り立ちには、もう一説ある。

キーとなるのは「厂《がんだれ》」だ。この部首は屋内というだけでなく、崖を意味することもある。「厤」になると、稲ではなく、崖下に設営された陣地に並ぶ兵士たちのことだというのだ。そこに、踏み出す足の象徴である「止」が加わったものが「歴」であり、これは軍隊の進撃にほかならない。

その軍の中で、誰がどれだけ武功を上げたのか。いわば「軍歴」から人の歴史がはじまった……そんな説だ。

命を育むことの連なりか、あるいは絶え間ない戦争の連続か。私たちの歴史とはいったいどちらなのだろうか。

家

【】

音 カ、ケ
訓 いえ、や

屋根の下にいる「豕《し》」とは、いったいなんだろう

私たちの暮らしの基盤となる、家。建築物そのものだけではなく、生活を、人生をともにする家族までも含んだ、大切で親しみのある文字だ。帰る家があるから、私たちは生きていけるのだ。

そんな「家」の構成を見てみると、まず「宀《うかんむり》」が家そのもの、家屋を表す。文字の上部をカバーし、天井をしっかり覆って雨露をしのいでくれるのだ。

その下に入る「豕《し》」とは、豚のことなのだ。口の突き出た豚の顔を象っている。これに「月」がついて「豚」になると、肉づきのいい太った豚という意味になる。

豚は猪が家畜化された動物だ。石器時代から人間の生活に欠かせない存在で、貴重なたんぱく源となっていた。そして古代では重要な財産でもあったのだ。金銭代わり、物々交換でもよく使われた。

当然、盗まれるわけにはいかない。そこで家の中で、あるいは家と密接した小屋で飼育していたといわれる。だから、「宀」の下には「豕」がいるのだ。まるで家族のように、家の中には必ず豚がいた。そんなことを示す漢字なのだといわれる。

しかし、異なる説もある。

家を建てる前には必ず、生贄を捧げる習慣があったという。家畜を殺し、建設予定の土地に埋めて、その命を神に供えることで、新居の安定を祈った。つまり「宀」の下にいるのは、豚の死体なのだ。

また「豕」は、豚だけでなく、家畜全般を表すこともある。生贄には犬などを殺して燃やし、その霊的な力で土地を浄化する儀式が行われることもあったという。人々は血にまみれた生贄の上で家を建てて、暮らしてきた……そんな説もあるのだ。

生きている豚か、死んでいる豚か。どちらの説が正しいかはわからないが、家の中に入り込むほどに、豚は私たちの暮らしに密接だったようだ。

美

音 ビ
訓 うつく―しい

丸々と太っていることこそ美しい

美の基準は人によってさまざまだろう。人によって国によって性によって、異なってくる。しかし一般的には、女性のことであるならば、スマートな身体つきや整った顔立ちを、「美しい」と呼ぶことが多いのではないだろうか。

その「美」を分解すると、「羊」と「大」とに分けられる。羊は古代社会では非常に大切にされた動物だ。食用に、衣服に、そして生贄として儀式にと、さまざまに用いられて人間の生活を支えてきた。家畜でもあり、人のパートナーでもあったのだ。

そんな羊が丸々と肥えて、大きく育てば、それはきっと持ち主にとっても誇らしく、嬉しかったことだろう。自慢の羊なのだ。その大きく立派な身体に、古代人は「美」を見た。美しいとは、家畜たちの豊かに太った隆々たる体格と、そこから窺わせる持ち主の経済力のことだったのだ。

太っているほうが美しいというのは、人間も同じだった。例えば世界各国から発掘される古代の女神像は、どれも太った姿をしている。豊穣とは、やせている身体ではなく、肉づきの良さで表現されるものだった。

インドや中東、アフリカなどでは、近年まで女性は豊満なほうが美しいという考えがあった。太っているということは、恵まれた食生活と経済力を表しているからだ。それは健康と子宝につながる。「美」とはそういうことだったのだ。むしろ現代先進国の、スリムさを競う風潮のほうが、人類の長い歴史の中では異端なのかもしれない。「美」の価値観は時代によっても変わるのだ。

昔

【】

音 セキ、シャク
訓 むかし

干し肉をつくるために過ぎていった日々のことだが…

私たちの歴史は飢えとの戦いの歴史でもある。少しでも多くの食料を確保し、命をつなぐために、人はたくさんの時間を費やし知恵を絞ってきた。

その結果、生み出されたもののひとつが、干し肉である。肉や魚に塩を揉みこみ、天日に干すことで、腐ることなく長期間にわたって食べることができるようになるのだ。保存食の誕生である。さらに煙でいぶしたり、発酵させたりと、人類はさまざまな方法で食料を保存することを学んだ。冬場や飢饉に供えて、食料を備蓄できるようになったのだ。

心強い存在の干し肉だが、つくるには時間がかかる。まず肉を薄く切り、積み重ねていく。この肉を「龷」と表した。これらを太陽にさらして乾かすのだ。何日も何日も、水分が飛び旨味が凝縮されるまで、「日」を重ねた。そして干し肉ができる頃には、肉をさばいていた頃がもう「昔」になっている。「昔」とは、干し肉をつくるために過ぎていった日々のことなのだ。あるいはこうして保存食の製法を得たことで、人類はようやく過去を、昔を振り返る余裕を持つことができるようになったのかもしれない。

ところでこの干し肉には、いったいどんな動物の肉が使われていたのだろう。古代から家畜化されていた羊や犬、それに豚や牛だろうか。加えて、人はタブーを犯してはいないだろうか。漢字の原型となる文字を無数に生んだ殷王朝には、暗君が出ている。30代目、紀元前１１００年頃の王といわれる帝辛《ていしん》だ。紂王《ちゅうおう》とも呼ばれた彼は圧政と暴虐を尽くしたが、部下に謀反の疑いありと処刑し、干し肉にしたことがある。つまり古代中国では、人肉を保存食とする技術が確立していたことを示しているのではないか。「昔」の字を構成する干し肉には、人肉までもが含まれているのではないか……呪術と残虐な刑罰に満ちた殷王朝には、そんな臭いも感じてしまうのだ。

異

音 イ
訓 こと

巨大な頭を持ち、両手を上げて威嚇する鬼

太古の昔、家族親族だけで寄り集まって生きていた時代。もっとも警戒したのは「異物」の侵入だった。自分たちとは異なる考えを主張する者。異なる民族や、異なる言葉、異なる神を信じる人々……そうした異文化は集団の規律を乱しかねない。全員が団結して力を合わせて、やっと食っていけるのだ。そこに異なる価値観が入ってきたら、小さな家族はどうなってしまうのか。争いのもとにもなるだろう。だから人々は「異なるもの」を恐れた。

漢字の「異」からは、そんな恐怖心が見える。

上部の「田」は、巨大な頭部の象形だというのだ。人間とは思えぬ大きさの恐ろしい顔をした怪物が、両手を上げているところ。それが「異」の字源だという。まさしく異形の怪異であった。その姿から「異」とは鬼のことではないかともいわれる。しかし、おそらくは異民族、外国人であっただろう。

巨大な頭が入った漢字はほかにもある。「畏」だ。違いは頭の下の部分にある。「畏」では、鬼は両手を上げていない。なにか武器を持ち、構えているのだ。いまにも襲いかからんという場面である。その威圧感、圧迫感に、人は怯え震えた。そこから強大なものや神を、恐れながらも敬う「畏」という概念が生まれた。異なるものの巨大な頭部は、恐怖と畏怖どちらをも人に与えたのだ。

いま日本はたくさんの異民族を社会に迎える時代になっている。彼らを鬼と呼んで迫害するのか、あるいは受け入れるのか。「異」にどう向き合っていくのだろうか。

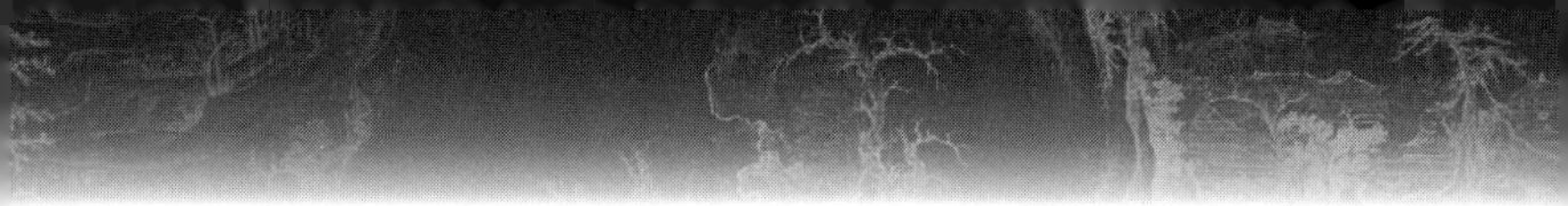

探

音 タン
訓 さぐ―る　さが―す

松明を手に、人は深い闇の奥深くを探検していった

人は闇を恐れる。

電気の光が煌々《こうこう》と点る現代社会でも、私たちは暗がりで心細さを覚えるものだ。ならば、太古の人類はどれだけの不安を抱えて、夜を過ごしていたのだろうか。

だから、人は火を手にしたのだ。はじめは火山の噴火や森林火災といった、自然に発生した炎を使ったのではないかと推測されている。やがて自ら火を熾《おこ》せるようになった人類は、急速に文明を発達させていく。暖を取り、調理をし、危険な獣を遠ざけ、そして闇を照らす火は、文明の象徴となっていった。

そんな火を持って、私たちの祖先は歩いた。未知の土地を拓き、自分たちの地図を広げていこうとするフロンティアスピリットは、たぶん人類に備わった本能のようなものである。

だからときには洞窟に足を踏み入れることもあっただろう。手には松明を持ち、穴ぐらを照らして進んでいく。その姿が「罙《しん》」なのだ。穴と手（又）、そして火の3つが、ひとつとなってつくられた漢字だ。灯かりを手に、誰も入ったことのない洞窟の中をそろそろと歩む。人の好奇心や探究心、そこに伴う怖さや緊張感までもが表現された一文字と言えるだろう。

この「罙」に手へんが加わると、「探」になる。なにかを探す、探るというときに使われるものだ。そこから発展した、探検や探求という言葉には、未知のものや、目に見えない真実までも知ろうとする、人の強い意志が込められている。

また「罙」にさんずいがつくと「深」になるが、これは水の奥底を探っている場面だ。そこから水の深さを表すようになり、なにかの奥行きや、色彩の濃さ、人と人との関係性などにも発展していく。

火を得たことで、人は探ることを覚え、闇の深さも測れるようになっていく。炎は人の世界を一気に広げたのだ。

歩

【】

音 ホ、ブ、フ
訓 ある―く、あゆ―む

何度も立ち止まりながら、人は前へと歩いていった

かつて人は、なんの道しるべもないまま、未知の世界へと歩き出していった。どれほど心細かっただろうか。しばらく歩いては振返り、不安を抱え、それでも新しい耕地であるとか、より魚の獲れる湾、気候の良い場所を探索すべく、旅を続けるのだ。その前進していく足から「歩」がつくられた。

見れば「止」と「少」が重なっている。歩くという意味にしてはやや違和感を覚えるが、これは足の形。「止」とは足跡を描いたものなのだ。その「止」を反転させると「少」になる。それぞれの字がなにを表しているかではなく、見た目から採用されたものと考えられている。

ふたつを組み合わせた「歩」は、左右の足を交互に動かし、足跡を大地に刻む、人の歩みそのものとなったのだ。

そこから意味が生まれていく。「止」は、旅の途中に歩みをゆるめて、足をその場に「とどめる」「とめる」ことにもなっていく。やがて「とまる」へと派生していくが、その根本にあるものは、前に進みながらも、その中で立ち止まること。「止」とは完全な「ストップ」ではないのだ。あくまで歩み続けていく「ステップ」のひとつなのである。

止まっては歩き、歩いてはまた止まり、それでも人は前へ前へと進んだ。「歩」とは人の勇気を表した漢字なのだ。

人

【】

音 ジン、ニン
訓 ひと

支え合ってはいない、孤独な存在

人はひとりでは生きていけない。ほかの誰かがいなければ、人生を歩いていくことはできないのだ。だから私たちは支え合う。お互い倒れないように、手を取り、肩を貸し、助け合う。それが「人」の漢字の由来なのだ……。

誰でも一度は聞いたことのある話だろう。だが、これは誤った説なのだ。「人」という漢字は、その古い字形を見てみると、誰とも支え合ってはいない。孤独なのだ。

もっとも古い「人」の姿は、甲骨文字に見ることができる。立っている人間を横から描写したものだといわれるが、なんというか、頼りないのである。カタカナの「ク」の字のようで、左に突き出たところは腕だが、疲れて垂れ下がっているようにも見える。右側の腰のあたりはやや曲がり、老いを感じる。ぽつんと、ひとりぼっちで佇んでいるかのようだ。

それでも「人」は立っている。誰に頼ることなく、寂しさを感じても生きている。「人」という漢字に込められているのは、人間ひとりひとりが持っている強さやしぶとさではないだろうか。

そんな「人」が、力を合わせた。知恵を出し合い、慈しみ合うことで、人々は文明を築き、言葉を紡ぎ、漢字を生みだした。

支え合う大切さと同時に、強い個々であれ、とも教えている。それが「人」なのだ。

おわりに

漢字を生んだ中国・殷王朝とは、どれほど恐ろしい時代だったのだろうか。

本書を執筆しながら、漢字の字源となった残酷な刑罰や、惨たらしい風習に、たびたび言葉を失った。なんという命の軽さなのだろうか、と思った。

しかし同時に感じたのは、古代という厳しい世界を生きる人々の息づかいだった。

生きること、ただそれだけが難しい、文明未発達の時代である。人々は必死で生き抜き、命を後世につなぐために、神に祈り、豊作を願い、災厄を祓った。多くの漢字から、その切実さが伝わってきた。

農作に励み、安全を祈願し、異民族を恐れ、死を悼み葬送する。豊作か凶作かを真剣に占い、神に向きあう。そうやって少しずつ、文明らしきものをかたちづくっていった。とにかく人は、懸命に生きたのだ。だからときに、生贄も必要だった。厳しい刑罰でしか統制できない社会もあっただろう。歩き始めた人類の生き方そのもの、文明のあけぼのの姿が、漢字には詰まっている。

そして漢字は恐ろしいものばかりではない。自然への賛歌、美への率直な驚きや感動、それに古代のいきいきとした暮らしも活写されている。

たとえば地面から新しい芽が吹く様子を発見したとき、人は新鮮な喜びを覚えたに違いない。だからその姿を漢字に映し出した。「生」だ。下線は大地を表している。そこからすくすくと、上を目指して伸びていくまだ細い茎。ぴょこんと顔を出した若芽や若葉。この文字は生命力そのものに見える。生きる尊さや生命のまぶしさを讃えているようだ。

古代文明は生と死を、つまり人の人生をすべて漢字で表現したのだ。その漢字を受け継ぐ私たちも、限りある生を大事に生きていきたい。

【主要参考文献】

『文字場面集　一字一絵』　金子都美絵　太郎次郎社エディタス
『漢字の成り立ち』　落合淳思　筑摩書房
『なりたちで覚える漢字』　福中宏允　幻冬舎
『こわくてゆかいな漢字』　張莉　二玄社
『漢字んな話』　前田安正・桑田真　三省堂
『漢字んな話2』　前田安正・桑田真　三省堂
『感じる漢字　心が解き放たれる言葉』　山根基世　自由国民社
『白川静　文字学入門　なるほど漢字物語』　小山鉄郎　共同通信社
『知ってるようで知らなかった漢字の意味』　文・高井ジロル　監修・進藤英幸　二見書房
『絵で読む漢字のなりたち』　金子都美絵　太郎次郎社エディタス
『字源の謎を解く』　北嶋廣敏　イースト新書Q
『字源　ちょっと深い漢字の話』　加藤道理　明治書院
『成り立ちで知る漢字のおもしろ世界　武器・ことば・祭祀編』　伊東信夫　スリーエーネットワーク
『成り立ちで知る漢字のおもしろ世界　人体編』　伊東信夫　スリーエーネットワーク
『図解雑学　漢字のしくみ』　山本史也　ナツメ社

『語源を知って読みたい漢字』 正しい日本語研究会 PHP
『白川静さんに学ぶ 漢字は怖い』 小山鉄郎 共同通信社
『漢字のルーツ 古代文字で遊ぶ』 マール社編集部編 監修・城南山人 マール社
『本当は怖ろしい漢字』 小林朝夫 彩図社
『白川静 字統』 平凡社
『白川静 字通』 平凡社

【著者略歴】
火田博文（ひだ・ひろふみ）
元週刊誌記者。日本の風習・奇習・オカルトから、アジア諸国の怪談・風俗・妖怪など、あやしいものにはなんでも飛びつくライター＆編集者。東京を歩きながら寺社を巡り酒場をハシゴする日々を送る。著書に『本当は怖い日本のしきたり』『日本人が知らない神社の秘密』『日本人が知らない神事と神道の秘密』『お正月からお祭り、七五三、冠婚葬祭まで　日本のしきたりが楽しくなる本』（いずれも彩図社）がある。

【カバー・本文イラスト】化猫マサミ

【古代文字】白川フォント（© 立命館大学白川静記念東洋文字文化研究所）

本当は怖ろしい漢字

2020年1月24日　第一刷
2020年7月9日　第二刷

著　者　火田博文

発行人　山田有司

発行所　株式会社彩図社
東京都豊島区南大塚 3-24-4
MTビル〒 170-0005
TEL：03-5985-8213　FAX：03-5985-8224

印刷所　シナノ印刷株式会社

URL：https://www.saiz.co.jp
https://twitter.com/saiz_sha

 ISBN978-4-8013-0422-2 C0095